A vida que não postamos

Pensatas atrevidas sobre verdades on e off–line

Copyright desta edição © 2024 by Edipro Edições Profissionais Ltda.

Todos os direitos reservados. Nenhuma parte deste livro poderá ser reproduzida ou transmitida de qualquer forma ou por quaisquer meios, eletrônicos ou mecânicos, incluindo fotocópia, gravação ou qualquer sistema de armazenamento e recuperação de informações, sem permissão por escrito do editor.

Grafia conforme o novo Acordo Ortográfico da Língua Portuguesa.

1ª edição, 2024.

Editores: Jair Lot Vieira e Maíra Lot Vieira Micales
Produção editorial: Carla Bettelli e Richard Sanches
Edição de textos: Carla Bettelli e Marta Almeida de Sá
Assistente editorial: Thiago Santos
Preparação de textos: Tatiana Tanaka Dohe
Revisão: Viviane Rowe
Diagramação: Mioloteca e Aniele de Macedo Estevo
Projeto gráfico de capa e miolo: Clayton Carneiro
Fotografia de capa: Higor Blanco

Dados Internacionais de Catalogação na Publicação (CIP)
(Câmara Brasileira do Livro, SP, Brasil)

Salgado, Mônica
   A vida que não postamos : pensatas atrevidas sobre verdades on e off-line / Mônica Salgado. – São Paulo : Edipro, 2024.

   ISBN 978-65-5660-151-9 (impresso)
   ISBN 978-65-5660-152-6 (e-pub)

   1. Amizade 2. Família 3. Redes sociais 4. Reflexões 5. Sociologia I. Título.

24-203022   CDD-301

Índices para catálogo sistemático:
1. Reflexões : Comportamentos humanos : Sociologia 301

Eliane de Freitas Leite - Bibliotecária - CRB 8/8415   EDITORA AFILIADA

São Paulo: (11) 3107-7050 • Bauru: (14) 3234-4121
www.edipro.com.br • edipro@edipro.com.br
@editoraedipro   @editoraedipro

O livro é a porta que se abre para a realização do homem.
Jair Lot Vieira

A vida que não postamos

Pensatas atrevidas sobre verdades on e off-line

Mônica Salgado

Mônica Salgado por...

Ana Suy
Psicanalista e escritora; autora, entre outros, do *best-seller A gente mira no amor e acerta na solidão*

Munida de décadas de experiência de trabalho no mundo do jornalismo e da moda, há alguns anos Mônica Salgado tem dividido com quem a acompanha um tanto de suas questões, angústias e elaborações por meio de suas tão bem recebidas "pensatas".

Nessas reflexões, que agora ganham o valor de escrita com este livro, a autora nos convida a pensar em quase todos os assuntos possíveis: embaraços com a imagem, relacionamentos, família, viagens, corpo, amor, saúde etc.

Nas redes, naquilo que se posta, encontramos uma mulher bonita e bem-sucedida, que, vivendo fortemente atravessada por um mundo de imagens (alguém não?), constantemente aponta, sobretudo em suas *pensatas*, para algo que não cansa de escapar da imagem. Quando uma imagem não é o suficiente, recorremos às palavras.

A vida que não postamos em geral é aquela história da qual ninguém quer saber, especialmente quem a vive — mas é também a que mais importa. É muito bonito que Mônica tenha conseguido fazer, com isso que escapa das postagens, um trabalho de escrita. Afinal de contas, viver é, frequentemente, deixar algo escapar. Que o façamos com bom humor é o convite que Mônica nos faz neste livro!

Silvia Braz
Influencer

Uma das qualidades que mais admiro em um ser humano é a coragem. Em mulheres, por questões históricas e sociais, existe ainda mais valor nesse atributo. Mônica é uma dessas pessoas cheias de coragem.

Coragem para fazer o que ainda ninguém está fazendo, coragem para mudar tudo e seguir em outra direção, coragem para dizer o que pensa num mundo em que a maioria só diz o que as pessoas gostariam de ouvir.

Gosto de ouvir a Mônica, gosto de saber o que ela tem a dizer. É a voz de uma mulher forte.

E, num mercado esnobe como o da moda, ela segue fazendo o que tem vontade, com sabedoria e profissionalismo. Típico de pessoas repletas de coragem!

José Victor Oliva
Lendário empresário da noite paulistana e empreendedor de múltiplos negócios nas áreas de marketing e eventos; claramente, um *expert* em "ver coisas antes que a maioria dos mortais"

Mônica Salgado é uma força da natureza. Daquele tipo que, se a largarem com seu querido Afonso numa ilha desabitada, em meses, haverá um *resort* e muita festa. A mulher não para. Na moda, é gigante. Nas redes sociais, é pioneira. Consegue ver coisas antes que a maioria dos mortais.

Quando quase ninguém ouvia a palavra "*influencer*", ela já dominava o assunto. Seus eventos são obrigatórios para pessoas que sabem das coisas, ou pelo menos que queiram saber.

Mônica, você é a prova de que os deuses gostam de garra e perseverança.

Eu tenho muita sorte de ser seu amigo. ♥

Introdução

É sério isso? Você está segurando meu livro nas mãos!? Não vou fingir costume. Eu tô me achando. Eu tô feliz demais que meu "do contrismo" tenha me levado até você. Fosse eu uma mocinha média, teria sido uma jornalista média de carreira média com sonhos mediamente realizados. E dificilmente você se interessaria por mim. O "morno" não tem apelo há milênios — seja quente ou seja frio, mas não seja morno, que te vomito.

A verdade é que o "do contrismo" me salvou da média. Estava todo mundo fazendo assim? Eu me atraía pelo assado, desde a mais antiga lembrança que minha memória alcança. Uma recusa ao mais-do-mesmo, uma atração não fatal ao "O que eu posso fazer de diferente?". Ser mais uma nunca foi a minha. Isso dito sem arrogância e com alguma rebeldia. *¿Hay reglas? Soy contra!*

Meu primeiro livro nasce daí, desse apreço pelo lado B de tudo e de todos. Dessa tara pelo não dito. Dessa necessidade incontrolável de dizer o que... Oi? Não era pra dizer? Pega mal? Xiii... Já foi! Perdi a conta de quantas vezes, nesta encarnação, falei o que quis e depois ouvi o que não queria. Mas o primeiro ato sempre compensou o segundo. Talvez meus ex-chefes discordem (risos)! Eu tô rindo, mas com respeito.

Fosse eu a mocinha *"by the book"*, amiga da média, teria me estressado menos, mas também vivido com menos cor e sabor. E viver sem cor e sabor, pra uma libriana, é o fim.

A vida que não postamos, a sombra que não iluminamos, a opinião que não emitimos, o sentimento que não nos permitimos, a humanidade em nós que não normalizamos são mais que meus materiais de trabalho! São a forma pela qual me conecto com o mundo, quando tudo faz sentido pra mim. Ok, não queria escrever isto, mas vocês venceram: é quando encontro meu verdadeiro propósito (foi mal a expressão desgastada, entenderei se tiver te provocado bocejos). Acho que somos todos *experts* em guardar coisas, escondedores seriais de "vergonhas" que podem macular nossa imagem — pro mundo e pra nós mesmos (dói descobrir que não somos assim tão fofinhos quanto idealizamos). Quando libero minha caixa de Pandora e percebo que isso te ajuda a liberar a sua… *Touché!* Nós nos conectamos nas nossas "vergonhas". E nessa conexão matamos um pouco da hipocrisia reinante.

Ah, gente do avesso é tão mais interessante! Desconfio dos excessivamente estáveis, dos equilibristas de muros, dos tediosamente previsíveis. Essas pessoas vivem ou simplesmente existem? Prefiro viver. Ainda que minha intensidade demande ansiolíticos e remédio para dormir. Já me aceitei com meus ônus e meus bônus. Como escreveu Clarice Lispector em *A hora da estrela*, "já que sou, o jeito é ser".

Ser eu mesma, ser como sou, me levou à publicação deste livro: *A vida que não postamos*. Quando a vida que postamos não dá conta da complexidade que é ser quem somos, precisamos nos voltar para aquilo que não postamos. Para aquilo que não postam eles. O não *feed*. O não *reels*. O não *stories*. É isso que me interessa aqui.

Boa leitura! E, de novo, quero dizer que estou muito, muito feliz por você estar aqui, com meu livro nas mãos. Não vou fingir costume, que não sou dessas. Quero só gritar "OBRIGADA!".

Mônica Salgado
Outono de 2024

MINHA
PIOR VERSÃO

> " Eu ando muito exausta de ser a minha melhor versão nas últimas semanas. "

Ando de vez em quando me dando um salvo-conduto pra ser minha pior versão, só pra variar; ou a versão que temos pra hoje, vai querer?; ou ainda versão original de fábrica mesmo sem os *features* opcionais, porque tô cansada demais pra me melhorar o tempo todo. Não sei você, mas, sim, eu ando bem cansada dessa cobrança e da autocobrança por sermos gentis, compreensivas, empáticas, pacientes, evoluídas mesmo quando a recíproca não é verdadeira. Do outro lado estão sendo abusivos, relapsos, folgados, espertinhos, descomprometidos... e você lá: não serei grossa, não vou explodir, responderei de maneira política, mostrarei que sou superior. A porcaria da melhor versão... tô falando de família, de amigos, de relações profissionais...

Mas gente... Freud já disse que "poderíamos ser muito melhores se não quiséssemos ser tão bons". Por que, pensem, neste cruzamento de jogo político do "vou mostrar que sou superior" com o discurso enlatado de *coach* "você pode, seja sua melhor versão, a mudança que você quer no mundo começa em você", quem você está ajudando? Você tá construindo uma relação transparente e verdadeira com o outro? Não. Tá de fato melhorando ou só fingindo? Só fingindo… não vi benefício algum.

A gente é o que consegue ser e nestas últimas semanas eu tenho conseguido ser uma versão bem nota 6,5 de mim mesma. Tô chatinha e tô meio que devolvendo pro mundo o que ele me dá. É displicência? Toma displicência de volta. Falta de compromisso e respeito profissional? Receba na mesma proporção.

A arte de sorrir cada vez que o mundo diz não é algo lindo na poesia da Maria Bethânia, mas na prática… na prática talvez, cada vez que o mundo diz não, a gente deva responder "ah, é assim que vai ser agora? Então você vai ver só…".

Como diz a deusa da psicanálise Ana Suy (seu perfil no Instagram é @ana_suy), perder nosso ideal de "melhor versão" costuma ser um baita alívio. É um bálsamo não precisar ser tão boa quanto a nossa delirante melhor versão pensa que nós deveríamos ser.

CARÍCIAS DE *PLÁSTICO*

Elas agradam e envaidecem, mas… cuidado: carícias de plástico são afagos sintéticos que te desviam da luz. E ainda poluem o meio ambiente.

> Nada mais emburrecedor do que fazer sucesso. Ou ter poder. O que é quase a mesma coisa.

Me refiro a poder de qualquer tipo — *status*, dinheiro, sobrenome, cargo. Faz maravilhas pelo ego, mas um estrago em todo o resto. Ok, Mônica, generalizar também é emburrecedor, dirão os leitores mais atentos. Fato. Porém, me permitam essa licença poética pra defender aqui o meu ponto.

Com o sucesso vêm os bajuladores. E, com os bajuladores, as carícias de plástico. Carícias de plástico são afagos sintéticos (não existem na natureza, foram criados pelo homem) suscetíveis de serem modelados e/ou moldados conforme a conveniência da situação e o interesse do acariciador.

Carícias de plástico são sedutoras. Agradam. Envaidecem. São gasolinas pro ego. Deixam a gente naquele estado de torporzinho gostoso, com aquela sensação de barato que confirma que você é foda afinal. Deu certo na vida. Vingou. Você é sucesso! Dá orgulho pro papai e pra mamãe. *How cool is that?* Quão legal não é isso?

O "x" da questão: carícias de plástico cegam. São mais falsas que, sei lá, o bronzeado do Trump. Todo mundo que está em volta percebe. Mas o bajulador empacota tudo direitinho, faz seu teatrinho bem ensaiadinho (tudo "inho", pra ficar mais irritante). E você cai. Você está cego, lembra? Seu ceguinho!

E então tudo o que você faz é motivo de aplauso. Todos querem estar perto de você. Você está sempre "musa, divaa, lindaaa, magraaaa". Todo mundo ri das suas piadas. Estão sempre querendo saber se você precisa de algo. Quando você fala uma asneira, seus interlocutores balançam a cabeça positivamente como se estivessem muito impressionados com o brilhantismo de suas palavras. Você não conhece a palavra "não".

Ah, importante: você nem precisa ser legal. Ser legal é tipo um bônus opcional. As pessoas não esperam isso, porque seu sucesso é tudo do que elas precisam pra te bajular. Não tem nada a ver com o seu comportamento, seus modos, com quem você é. E tem tudo a ver com "aonde você chegou/que cargo ocupa/quanto dinheiro tem". Se você responde um "bom dia", manda um "obrigada" ou um "com licença", vão dizer "nossa… fulano é super-humilde, gente como a gente". Se você é escroto 99,9% das vezes, mas teve aquele dia que sussurrou um "desculpe" quando deu um pisão no pé do ascensorista do elevador da firma, então "tá vendo, lá no fundo até que fulano tem bom coração".

Basicamente, o mundo grita: você é o pica das galáxias! E um pica das galáxias é incrível do jeitinho que é. Não precisa mudar nada. Em time que está ganhando não se mexe. Não precisa se questionar, se desafiar a ser melhor, refletir sobre como evoluir como pessoa física ou jurídica. Não precisa ser empático, gentil, agradável, solidário. Não precisa se esforçar pra ser nada além do que é. O problema é que... bem: eu conto ou você conta?

Ninguém *é* pica das galáxias. A pessoa *está* pica das galáxias. É transitório, efêmero, incontrolável. O presidente deixa de ser presidente ao fim do mandato; a atriz que ganhou o Oscar deixa de ser a bola da vez um dia; a cantora que estava no topo das paradas deixa de estar; o chefe deixa de ser chefe; quem manda eventualmente deixa de mandar; o funcionário da empresa renomada deixa de trabalhar na empresa renomada e vê-se, de repente, sem aquele "escudo protetor" que lhe dava segurança e abria portas; o empreendedor vende seu negócio e começa outro do zero; o grande diretor de cinema filma sua obra-prima e depois não emplaca mais sucessos. Isso se chama ciclo da vida. Uma hora estamos em cima, outra embaixo. E, acreditem, o aprendizado vem quando estamos por baixo. "O sucesso é um abismo de vaidade", já escreveu o filósofo e escritor Luiz Felipe Pondé. Eu completo: o "fracasso" é um passaporte para a evolução, para o autoconhecimento, para a vulnerabilidade que nos mostra o que é real em nossas vidas. Sempre digo. Sucesso, dinheiro e fama alimentam, mas não nutrem. O que nutre são os afetos verdadeiros, aqueles que não ligam pro seu cargo nem pro seu sobrenome.

Conheço muita gente que acha que está abafando, surfando sua ondinha ilusória. O mundo sorri quando está diante delas e faz careta quando elas se afastam. Ah, se elas soubessem. Nada mais emburrecedor do que fazer sucesso.

CINCO LIÇÕES *ALEATÓRIAS* QUE A VIDA ME ENSINOU

Pessoas muito importantes na nossa vida vêm e vão. Pessoas importantes podem virar desconhecidas da noite pro dia. E pessoas desconhecidas podem virar importantes, assim, num piscar de olhos. Machuca, mas também pode ser um presente.

Sua dieta não é apenas o que você come. É tudo o que você consome, assiste, lê, mas é sobretudo com quem você se relaciona. Escolha bem com quem você troca a sua energia.

No seu caminho você provavelmente vai desapontar algumas pessoas. E isso é dolorido, porque no fundo desejamos ser amados por todos, mas esse desejo não pode ser mais importante do que deitar a cabeça no travesseiro em paz, com a certeza de que você foi verdadeiro com você.

Perdoar alguém que nos machucou feio é das coisas mais difíceis. Mas perdoar não é esquecer, se reconciliar, voltar a conviver, nem há a obrigação de compreender os motivos de quem nos magoou. Não condicione o perdão a isso. Perdoar é uma decisão que a gente toma por nós. É procurar um ângulo em que a história possa ser recontada e regravada na nossa memória de um jeito menos dolorido.

É absolutamente natural e humano sentirmos coisas opostas mesmo pelas pessoas que mais amamos. Amor e raiva, excitação e tédio, admiração e decepção... nenhuma invalida a outra. Somos seres ambivalentes e é preciso viver essa ambivalência e entender que, mesmo que a gente ame muito alguém, a gente não ama tudo nessa pessoa.

> A gente não vê as coisas como elas são,
> a gente vê as coisas como *nós* somos.

O ponto de vista de qualquer pessoa é a vista a partir de um ponto e toda opinião sobre o outro está sempre cheia de nós mesmos. Pense nisso quando o julgamento do outro machucar muito você.

FÉRIAS EM FAMÍLIA

Todo mundo viajando, virada do ano na praia, Taípe, melhor *réveillon* da vida, depois Miami, emenda com Disney, dias maravilhosos no esqui (tenho alguma dificuldade de imaginar dias maravilhosos no esqui, dedo congelando, coriza formando estalactite, enfim, não é pra mim), mas… eu fico me perguntando se pessoas chiques passam os perrengues que a gente passa… porque férias em família, eu não sei na sua, mas aqui um sempre quer dormir cedo e o outro quer badalar.

Você aluga carro e chega lá alugou pro mês seguinte. Ou esquece o passaporte que tem o visto americano e tem conexão nos Estados Unidos. Tem DR na mesa do jantar, puta torta de climão? Tem! Tem pessoa emburrada que vai dormir brigada depois de passar o resto da refeição no celular. Tem almocinho gostoso até o filho derrubar vinho tinto na mesa e nas roupas brancas. Aliás, tem a pessoa que não sai do celular e ouve "nossa, não sai deste celular? Podia ter ficado em SP então…".

Tem briga com companhia aérea, às vezes até um barraco, um bate-boca com emoção, tem um que ama o dia todo planejado nos mínimos detalhes e o outro que é deixa a vida me levar. E tem sempre a discussão de qual estilo melhor aproveita a vida. Tem quem tá sempre com fome, tem quem tá sempre com sono. Sempre dá uma dor de barriga em alguém e o banheiro é compartilhado. Quer fazer amorzinho de manhã, o filho amanhece dormindo no meio.

Na hora de fechar a conta do hotel, marido sempre acha que cobraram a mais. E aí quer conferir item a item, mas não enxerga, cadê meus óculos? Esqueceu no quarto, volta lá, chave desmagnetizou, gente, vamos perder o voo. Tem futebol na praia à tarde? Vai ter treta. De filho com filho, de pai com filho, de pai com filho de outro pai. Aliás, vai ter briga porque filho só quer usar roupa de futebol e nada combina com nada, uma agressão visual. Marido, as mesmas bermudas de praia que usa há dez anos, mas aí você já desencanou, nas fotos, não fosse pelas entradas, parece que a pessoa tá sempre na mesma viagem.

Alguém vai se queimar demais, ficar vermelhaço e me acusar de não ter passado o protetor solar direito, como se a pessoa não tivesse mãos. Ou então me crucificar por esquecer o Caladryl de novo, um clássico. E mesmo assim, mesmo assim, veja só... a pessoa vai chegar em casa e já começar a planejar as próximas férias em família. E sempre que se lembrar desses episódios vai contar rindo, com saudade.

"Isso me faz ter a certeza de que… minha família é péssima. Mas é minha. E eu amo."

E ainda vou ter bastante oportunidade de viver isso tudo nos próximos dias. #ColecionandoMomentos

AUTOSSALVAÇÃO

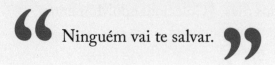

Forte isso, né? Quem nos salva, felizmente quase sempre, somos nós mesmos. Não se iluda. Assumir a responsabilidade de sermos nosso pai, nossa mãe, nosso chefe, nosso *coach* motivacional, nosso guia... é o caminho mais seguro, mais compensador, mais independente e mais íntegro de ter uma vida plena, aquela que vai te dar um orgulho que ninguém tira, porque o mérito será só seu. Pode ser dolorido muitas vezes, porque sonhamos com uma mão poderosa estendida pra nós, um mentor que nos abra portas, uma chance que nos faça queimar algumas etapas, um casamento, um sobrenome, uma herança, um QI (o famoso Quem Indica)...

A gente, às vezes, passa uma vida desejando a "sorte" que outros tiveram, um caminho mais mastigado, às vezes, parece tão mais fácil pros outros e tão mais suado pra gente. Mas uma coisa eu te digo: quando a gente chega lá, sendo esse lá um sonho realizado, um projeto incrível bem-sucedido, um feito pessoal/profissional, cada um tem o seu "lá", quando a gente chega lá por conta própria, mérito próprio e sendo fiel às nossas crenças e valores... o sabor é tão doce que a gente pensa: quer saber? Ainda bem que eu não herdei, que ninguém me deu, que não teve atalho. Que bom que não foi meu sobrenome, minha família, um favor que alguém devia a eles, que sorte que ninguém me mastigou nada. O sabor é tão mais doce assim. O sabor é tão mais original.

Que bom que ninguém vai nos salvar porque assim a vida nos dá a chance de nos salvar. Dá mais trabalho, não é tão romântico, é mais difícil e exige bem mais da gente. Pode até causar uma revoltinha de vez em quando. Mas eu sempre digo aqui que o custo de ser ajudada é se submeter. De alguma forma você se submete a quem te abre porta. Já o custo de não ser ajudada é encarar o caminho mais longo com a linha de chegada mais grandiosa. Eu fico com a segunda opção.

É *RARO*, MAS ACONTECE MUITO!

Conheço um monte de ateu até a turbulência do avião. Um monte de gente que enche a boca pra dizer "eu vivo melhor sozinho, sou mais eu" até viver um grande amor e se render à magia inexplicável de algo que não se teoriza, só se sente. Tem quem diga que propósito no trabalho não é importante, trabalho é ganha-pão, até sentir muito orgulho de uma realização profissional e entender o drive de vida poderoso que nasce daí. Conheço quem brade aos quatro ventos que sexo nem é fundamental numa relação até a química bater forte com alguém. Melhor ainda quando se consegue transformar as fagulhas da química em amor suave ao longo dos anos. Também sei de várias mulheres que se gabam de ser uma fortaleza, inquebráveis, até experimentarem a delícia que é serem cuidadas, frágeis só pra variar. Tem quem diga que dinheiro não traz felicidade. Sozinho não traz mesmo. Mas e quando o dinheiro derivado do trabalho que você ama e se esforça pra fazer bem proporciona momentos inesquecíveis com quem você ama e pra quem você ama? Se isso não é — também — felicidade, não sei o que é. Está cheio de gente que jura que todo chefe é tóxico, todo rico é ladrão, toda *influencer* é fútil, toda mulher bonita é vazia, todo casamento com assimetria de idade ou condição financeira é por interesse, todo mundo que tem sucesso é porque teve sorte.

Há que se tomar muito cuidado ao criticar o que a gente não tem e, no fundo, talvez deseje ter. Fomos educados pra suprimir a inveja, esse sentimento feio que deve ser combatido. Mas feio é o que a inveja pode causar em nós caso não a aceitemos como uma emoção natural, fluida, humana. Não negue o que você admira. Ou aquilo que te provoca uma reação apaixonada tamanha que, acredite, merece que você investigue melhor. Como diz o terapeuta Gabriel Carneiro, em cujo raciocínio me baseio na construção desta pensata, desdenhar o que o outro tem bloqueia sua conexão para um dia ter. Em vez disso, pergunte-se: se essa pessoa tem, por que eu também não posso ter, à minha maneira?

SUFICIENTEMENTE *BOA*

Ser suficientemente boa é o tema deste texto. Sob medida pra você, que, como eu, tem essa necessidade patológica de querer ser a melhor em tudo: melhor profissional, melhor mãe, melhor aluna, a melhor qualquer coisa que você se proponha a fazer. É tão exaustivo e tão ilusório. E uma missão com um resultado certo: a frustração. Por isso eu trouxe esse conceito de ser suficientemente boa — um conceito que eu descobri com a maternidade e que eu explico melhor a seguir. Vamos?

Olha, pode parecer um desejo arrogante, à primeira vista. Querer ser a melhor. Mas, ainda que essa autocobrança seja um motor potente que nos leva ao aperfeiçoamento, ao desafio constante, à persistência, que são qualidades *per se*, a obsessão pelo topo tem vários lados b: mascara uma necessidade de se provar constantemente, o que, por sua vez, mascara um senso de autoinsuficiência crônica. Que é um sentimento irmão da insegurança. Que também estimula uma competitividade desnecessária — afinal, nem tudo é sobre estabelecer uma hierarquia de melhor e pior. E, na minha visão, o mais grave de tudo: quando a gente quer ser o melhor em tudo, a gente estabelece que nosso valor está na nossa performance. Que nosso mérito só é proporcional ao destaque que conquistamos.

Eu não sei bem quando isso começou pra mim, mas desconfio que bem cedo. Com o clássico melhor aluna da classe. Nota 9? Ficava arrasada. Quando entrei na faculdade e no mercado de trabalho, aquele choque. O ambiente da escola e da família são sempre mais controlados e acolhedores. Quanta gente brilhante. Vai dar um trabalhão querer ser a melhor.

E deu. E dá. Profissionalmente pra mim é um processo extradolorido. Vou exemplificar com um episódio e você vai entender. Em 2018, fui jurada do Festival de Publicidade de Cannes, o Oscar da comunicação. Era uma categoria estreante, chamada Social e Influencer, e eu era a única brasileira numa mesa de mais sete gringos, com um presidente de júri que é um crânio, na época diretorzão do Facebook. Puxa, que honra, primeira brasileira, Festival de Cannes, eu que nem publicitária sou, pra julgar uma categoria que tinha tudo a ver com minha história.

Mas eu saboreei isso por um nanossegundo. Só. Depois foi só agonia. A agonia de me sentir *outsider* numa mesa com publicitários fodões megaexperientes. A agonia de não conseguir me expressar em inglês com a mesma riqueza vocabular que tenho em português. A agonia de não ter as melhores respostas

27

e opiniões mais inteligentes o tempo todo. É bastante patético, eu me ouvindo tenho plena clareza disso.

Mas é um episódio bem simbólico de como, na cobrança de querer ser a melhor, ou no mínimo ter um bom destaque, eu me privo de viver todas as *fucking* coisas boas que uma situação extraordinária me permite.

> Parece que eu vivo muitas coisas na velocidade 2 do WhatsApp, que é pra passar logo, acabar logo e eu me livrar desse fardo pesadíssimo que é querer ser a melhor naquela situação.

Bem, aí teve casamento. Maternidade. Páh! Como ser a melhor mãe, aquela de comercial de margarina? Como cuidar do bebê com entrega total se muitas vezes nos sentimos tão desamparadas? Foi aí que, na terapia, conheci a expressão "suficientemente boa". Ela foi cunhada pelo psicanalista inglês Donald Winnicott e tem um significado tão lindo que dá vontade de chorar. A mãe suficientemente boa não é a mãe perfeita, ela é a mãe dedicada comum.

Ela fornece ao bebê o necessário, cuidados básicos (higiene, alimentação), mas, acima de tudo, presença física real. E uma presença física que falha o tempo todo, mas não importa. Basta que a mãe esteja lá inteira, com disponibilidade interna e afetuosa de estar lá. Tipo: o bebê não se importa tanto que lhe deem a alimentação ideal na hora exata, mas que seja alimentado por alguém que ama alimentá-lo. Sem compromisso com a perfeição, essa mãe vai fazer o que ela sente ser correto, e isso vai habilitá-la a descobrir e usufruir a plenitude da maternidade. Como escreveu Winnicott, isso vai permitir que se construa uma "comunicação do amor, assentada pelo fato de haver ali um ser humano que se preocupa com o bebê".

Vem daí a expressão suficientemente boa. Não perfeita, não a melhor, não extraordinária, não o destaque supremo. Suficientemente boa. A dedicada comum. Olha como a analogia cabe pra quase tudo. Aquela que provém o básico, mas que está fisicamente presente e afetuosamente disponível. Que falha, mas isso não importa. Sem compromisso com a perfeição, ela usufrui a plenitude das coisas. A plenitude do tempo das coisas. Sem a tentação de correr as cenas da vida na velocidade 2 pra acabar logo com a agonia de não ser a melhor.

Não sei se ser suficientemente boa é melhor que ser a melhor. Sei que é mais leve, mais divertido e bem mais possível. E aprendi isso da pior melhor forma.

A *MULHER* DA MINHA VIDA

Querida Vó Nice,

Tudo bem por aí? Faz já muitos anos desde que nos vimos pela última vez. Quer dizer: uma semana dessas a senhora me apareceu aqui num sonho. Estava me levando ao Playcenter — programa que eu, a Dani, o Alê, a Vá e todos os agregados amávamos, lembra? A senhora juntava uma galera no Santana. Eu devia ter... o quê? Uns 7 ou 8 anos. Nunca vou me esquecer. Mas sonho conta?

Então, terminou que eu não consegui me despedir como gostaria, vó. Nas suas últimas semanas de vida. Porém, fiz questão que tocassem Roberto Carlos pra senhora na cerimônia de despedida. "Emoções", claro. Sua preferida. Eles não tinham Roberta Miranda nem Clara Nunes. Então cantei mentalmente. A senhora chegou a escutar? Também puxei a salva de palmas, porque achei a maneira mais apropriada de te dizer "até breve". Pra quem a vida era uma festa, nada mais coerente que aplausos.

Pois é justamente isso que me preocupa. A senhora já tá adaptada aí? Porque se o céu é aquele que está no nosso imaginário (confesso que meu imaginário foi moldado pelas cenas da novela *A viagem*. Não ri, vó, é sério!), um sem-fim de campos verdes com pessoas vestidas de branco, flanando serenamente entre os arbustos, a senhora deve estar achando tudo um tédio. Te deixam beber seu uisquinho caubói todo dia? E jogar sua cacheta até altas madrugadas? E no seu último aniversário, 11 de novembro? Tomara que tenham organizado uma festona, como a senhora gostava.

Aliás, lembra a de 85 anos? Bateria de escola de samba, seus netos cantando ao vivo uma homenagem, família Salgado imeeensa toda reunida? E aquele ano em que, impossibilitados de chamar o Rei em pessoa, contratamos um cover dele? A senhora ficou toda animadinha porque ganhou a rosa vermelha. Agora não me esqueço mesmo do ano em que, pra te fazer uma surpresa, descobri o telefone do empresário da Roberta Miranda e implorei pra que ela te ligasse pra dar os parabéns. E não é que ela ligou? Vó, precisava ter desligado na cara dela, com xingamentos cabeludos, alegando se tratar de um trote? Nunca vou esquecer.

Mas era isso que eu mais gostava na senhora. Alguns te achavam brava; eu te achava forte. Briguenta, sagaz, afiada. Alegre, animada, intensa. Escorpiana! Tudo o que se espera de uma vó... a senhora era o oposto. Tricô, cadeira de balanço, bolos quentinhos assados no meio da tarde? Nada menos que Dona Eunice, cuja única habilidade na cozinha era um cuscuz de camarão, que preparava anualmente, todo Dia das Mães.

Às vezes, saía um pouco salgado, às vezes, meio massudo (*sorry*, vó!), mas quem se importava quando a cozinheira o preparava com a bengala em riste ao ritmo de "o mar serenou quando ela pisou na areia... quem canta na beira do mar é sereia"?

Eu amava quando a senhora me contava histórias do passado. Da sua avó que era condessa em Pindamonhangaba (era mesmo, fala sério?!), de como você só se apaixonou pelo vô Nino porque, em ele sendo seu primo de primeiro grau, seu pai só te deixava sair acompanhada dele! De como se formou professora de matemática (o pouco que eu sei a respeito, aprendi com a senhora), de que sempre quis trabalhar fora (apesar de não precisar e de isso ser bem incomum nos anos 40), de que vendeu joias pra fazer dinheiro (e a senhora gostava da coisa, né? Das joias e do dinheiro!). E quando, com nem 30 anos, você passou a comprar, reformar e revender imóveis? Assim fez um bom pé de meia.

A senhora sempre foi uma danada! Até na moda! Minha lembrança fashion mais antiga é você de smoking no casamento da tia Sandra, nos anos 80. Chiquérrima. E quando a senhora me pedia pra te maquiar pras festas, pros casamentos e afins? E eu invariavelmente reclamava: ai, vó, por que não herdei esses olhos verdes? Nunca vou esquecer.

Então, vó, não herdei os olhos verdes, mas herdei tudo o que de fato importa. Aprendi a ser generosa com a sua generosidade, forte com a sua força, corajosa com a sua coragem, alegre com a sua alegria. Também comigo nada é morno e tenho alguma dificuldade de aceitar "nãos". Levar desaforo pra casa, então, nossa, uma dificuldade. Bem você, né? E, óbvio, amo uma boa festa — apesar de não mais poder comemorar minha preferida, a de 11 de novembro.

Sabe, vó, quando a gente não sabe muito bem quem é nem o que quer ser, é fundamental ter ao lado alguém que saiba pela gente. E que nos guie, que tenha fé em nós. Você é essa pessoa na minha vida. A senhora falava que eu era inteligente, eu acreditei. Que eu era bonita, eu acreditei. Que eu era justa, eu acreditei. E a senhora dizia que eu era a neta mais parecida com você. Foi o maior elogio que já recebi na vida. E isso nunca vou esquecer.

Vó, a gente há de se encontrar um dia, jogar uma cacheta, brindar com uísque caubói, dar uma animada aí. Enquanto isso, fica à vontade pra aparecer nos meus sonhos sempre que quiser, tá? Vou adorar outro passeio ao Playcenter qualquer dia desses…

Ah, manda um beijo enorme pro vovô. E outro pra tia Ada. Amo você.

Sua neta

O *LIMITE* DA GRATIDÃO

Quando se trata de sentimentos — sempre tão imprecisos e infinitos e imateriais — como detectar onde acaba um e começa outro? Ambos (o que acaba e o que começa) são legítimos, às vezes opostos, os dois sentidos visceralmente em relação à mesma pessoa/causa/objeto. O campo da vaguidão é belo por ser desimpedido. Mas amedronta pela mesma razão. Como nosso combo existencial — corpo, mente, alma — reage diante de um duelo interno que respinga no externo?

Onde termina a gratidão e começa a necessidade de reconhecer erros importantes de pessoas que fizeram muito por nós — ou pelo mundo, pela sociedade, pela cultura, pelo que seja além e maior que nós? Minha mente dispersa (porque não é este o caminho que pretendo para este texto) me lembra de Woody Allen, de Richard Wagner e até de Reinaldo Lourenço. Gente brilhante, cada um do seu tamanho e na sua área de atuação, mas gente indiscutivelmente brilhante. Woody é acusado de abusar de Dylan, sua filha adotiva com

Mia Farrow. O compositor Wagner foi antissemita e ídolo de Hitler. Reinaldo foi acusado, pelo Supremo Tribunal Virtual, anos atrás, de supostamente destratar funcionários e colaboradores. Até que ponto as acusações apagam a expressividade de suas obras? Reduzem sua genialidade profissional? É possível adorar o artista e odiar a pessoa?

Sei que são questões que preencheriam dezenas de colunas. Quis apenas esquentar a conversa. Minha intenção aqui nem é tão grandiosa. Ando às voltas com esse dilema ultimamente. Trata-se de uma pessoa que me deu uma oportunidade profissional que mudou minha vida. Insisti muito, mandei e-mail, liguei, cobrei — ok, alguns podem dizer que dei uma perseguidinha, o que não seria de todo mentiroso. Eu queria muito, pra mim era um grande sonho profissional. A pessoa poderia ter ignorado — como tantos fazem e fizeram comigo previamente. Só que não. A pessoa viu algo em mim. Apostou, apoiou. E eu entreguei. Fui promovida. E depois fui promovida de novo. A pessoa seguiu apostando, eu segui entregando. *Fair enough*. Mas, ainda assim, digno de gratidão.

Não foi uma, nem duas, nem três vezes que vim a público — via redes sociais, pessoalmente ou em cartas abertas — agradecer pela chance e, sobretudo, agradecer pelo que a chance tinha feito com minha trajetória. Entre todos os sentimentos, a gratidão ocupa um lugar privilegiado em mim. Penso que, às vezes, as pessoas não têm ideia do quanto uma decisão, uma frase proferida, um conselho ou uma ação impactam positivamente nossas vidas. E é nossa obrigação tornar isso conhecido, e agradecer, e reconhecer. Por justiça, por paz de espírito, para fazer circular as energias boas que merecem ganhar o mundo.

Porém, e quando a pessoa por quem somos gratos coleciona atitudes que abominamos? E não estou falando de tropeços aqui e ali, esses perdoáveis porque somos todos humanos. Não se trata de uma resposta atravessada, de uma explosão pontual, de uma cobrança exagerada, de uma discordância em relação a y ou a z, de uma grosseria eventual, de uma ordem que nos deixa contrariados, de uma barra de exigência alta demais. Trata-se de um comportamento tóxico padrão que opera por falta de empatia, senso exagerado de autoimportância, necessidade de depreciar o outro para reforçar sua superioridade e competitividade desenfreada. Trata-se de um *modus operandi* que exige admiração, gratidão e reconhecimento num nível impossível de ser entregue (e mesmo sentido). Que menospreza quem a pessoa enxerga como inferior, que espera favores especiais apenas por ser quem é (ou ocupar o cargo que ocupa), que exige ser o centro das atenções *full time*, mesmo que para isso tenha que apagar as luzes dos holofotes de todos com quem convive.

Você enxerga isso. Você sofre com isso porque você é vítima disso. Isso não apaga a gratidão que você sente, porque ela é procedente, verdadeira, genuína. Mas a gratidão também não apaga todo o resto, porque ele é igualmente procedente, verdadeiro, genuíno. E dolorido, bem dolorido, pra muita gente como você. Transbordar isso não é recalque, não é vingança: é dever.

E você, que está aí me lendo: qual é o limite da sua gratidão?

EXISTE ANGÚSTIA *BOA*?

Eu sou uma angustiada confessa. Esse estado de inquietude, que fisicamente é como se fosse um tormentinho interno, um rebuliço aqui no peito, ele é uma constante pra mim. E eu passei a vida me perguntando se isso era normal e desejando paz de espírito. E não entendendo como zerar a angústia num cenário tão indeterminado como é o cenário da vida de todos nós, tão cheio de possibilidades (e consequentes renúncias, porque escolher uma coisa é renunciar a tantas outras), onde a gente quer tanto acertar, mas se depara o tempo todo com nossa humanidade, nossas sombras, nossa incapacidade de realizar o que a gente sonhou pra nós — porque sempre temos grandes planos pra nós, e eles nem sempre se realizam, é frustrante, é angustiante.

E então, certo dia, me deparo com este post do psicanalista Jorge Forbes, que muito admiro: "Não existe ser humano sem angústia. Angústia na psicanálise é como colesterol na clínica médica: tem o bom e tem o ruim. Não dá para tirar o colesterol da pessoa, temos que transformar o ruim em bom.

É o mesmo com a angústia. A ruim paralisa, petrifica. A boa está na base da criatividade".

Uau! Soco no estômago. Porque eu sinto que, se você tem capacidade autorreflexiva, você tem angústia. Por mais analisada, espiritualizada, madura que você seja. A gente nasce pra viver uma vida sem receita... não há receita pronta pra gente seguir, e a constatação dessa liberdade plena já gera angústia. Ninguém nunca está finalizado, pronto, completo, somos gerúndios eternos que precisamos continuamente avaliar cenários, tomar riscos, fazer escolhas e assumir a responsabilidade por elas. Somos protagonistas da nossa vida e, ai, isso é angustiante.

E, claro, existem mil detonadores atuais de angústia: a sensação de ter que produzir a todo momento, a obrigação de encontrar um propósito, de se posicionar sobre tudo... e existe a angústia de estar sentindo angústia. Num mundo em que todos vendem plenitude e #Gratidão, existe algo de muito errado em quem se sente angustiado. Eu ouvi a vida inteira "você parece que está eternamente insatisfeita", "sossega", "precisa parar e reverenciar o que já realizou", "foque mais no positivo e não problematize tudo tanto". Acho até que essas pessoas estavam certas, equilíbrio é bom. Mas como já disse Rubem Alves: "ostra feliz não faz pérola". A arte de escrever a nossa história, pra que ela seja emocionante e digna de ser contada, depende de algum desconforto! Então viva a angústia boa!

DESCONFIE

Desconfie de quem diz que tem uma autoestima inabalável. Leoninos, essa é pra vocês também... Impossível não ter problemas de autoestima porque você olha ao redor e sabe que tem muita gente melhor que você aqui e ali. Mais inteligente, mais sortuda, mais bonita, mais simpática, assim é a vida. Às vezes a gente se sente diminuído, insuficiente. Normal. Porque nosso cérebro, quer você queira, quer não, opera por comparação. A estima de si, o sentimento que temos por nós mesmos, oscila, sim, constantemente, porque ela também é construída por fatores externos que não controlamos. É claro que é legal termos sempre uma reserva interna de autoestima pra gente se abalar menos com o que acontece fora, mas... a questão é: ninguém é o tal e nem se sente o tal o tempo todo. E, como diz a máxima das redes sociais, tá tudo bem. Se você se gaba da sua autoestima inabalável, seu discurso é tão convincente quanto seu autoengano.

Desconfie de quem, em nome da coerência, não muda de ideia nem de posição. Queridos, mudar de ideia é uma das coisas mais difíceis e evoluídas a se fazer. A gente passa muito tempo da vida, por medo, preguiça, insegurança, tentando se manter fiel a uma identidade, a uma marca pessoal, àquilo que nós acreditamos que somos e como as pessoas nos enxergam. E existe o risco de a gente se tornar escravo dessa imagem. E o medo de acharem que eu não sei quem eu sou, o que eu penso e no que acredito? O filósofo Ralph Emerson disse que o excesso de coerência é sempre uma coerência burra — e que esse é o grande fantasma de uma mente limitada. Tudo bem se rever, se contradizer, se arrepender, admitir que não sabíamos, que erramos. É o que diz o psicanalista Lucas Liedke: "Se não deixarmos ir o que somos, nunca nos tornaremos o que podemos vir a ser".

Desconfie de quem diz que não sente inveja. Calma, eu entendo. Tá aí um dos piores sentimentos pra admitir. A gente prefere achar que tá com raiva de alguém a admitir que sente inveja. E as redes sociais são uma incubadora de inveja. A inveja é quase o combustível do Instagram.

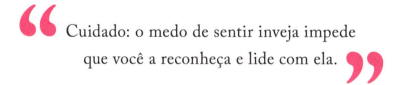

Cuidado: o medo de sentir inveja impede que você a reconheça e lide com ela.

A questão não é se você vai sentir inveja, a questão é como você vai lidar com ela. Será que sentir inveja não é um recado de que você queria fazer algo que por alguma razão não está dando conta de fazer?

Desconfie de quem diz que se basta. Ninguém se basta. Não existe um "eu" que vem de dentro pra fora inerente e independente. O "eu" é uma construção de coisas só nossas, pessoais e intransferíveis, mas também do que o outro vai me espelhar, do que ele pensa de mim, de como eu afeto ele e o mundo. Essa necessidade de espelhamento é estrutural do ser humano. Então, o eu nasce através do outro, e o outro nasce através do eu, de modo que não existe o eu sem o outro e o outro sem o eu.

Desconfie de quem diz que seu principal defeito é a sinceridade. Ou o perfeccionismo. Ou a ansiedade. Ah, tenha coragem de falar um defeito de verdade, faça-me o favor.

Desconfie de quem diz que não se relaciona por interesse. Ou que adora apontar o dedo pra relação dos outros e dizer "ah, fulana tá com sicrano por interesse". Bocejos. Via de regra, toda relação envolve interesses mútuos. O interesse é um fator básico nos vínculos, seja ele emocional, afetivo, financeiro, profissional, biológico... e existe uma reciprocidade implícita aí. Da mesma forma que eu sou beneficiado, beneficio o outro. É uma via de mão dupla que, bem domada, é benéfica pra todos os envolvidos.

Desconfie de quem não perdoa e vive de ressentimento. O ressentido não quer perdoar porque isso significa sair do seu confortável lugar de vítima — que ele pode até legitimamente ter, mas que ignora que a pessoa tem responsabilidade pelo mal.

Aliás, desconfie também de quem sempre se acha a vítima do mundo, tudo acontece com a pessoa, ela é sempre sacaneada, sempre passada pra trás, oh, que mundo injusto. Como já perguntou sabiamente Freud: "Qual é a sua responsabilidade na desordem da qual se queixa?". É a primeira pergunta a se fazer, sempre.

Desconfie de quem te disser que basta você acreditar que você consegue tudo. O império da positividade tóxica...

> Acreditar não é poder. Desejar não é poder.
> Isso é uma máquina de produzir frustração
> porque conseguir tudo não depende só de você.

Tem uma infinidade de variáveis que você não controla mesmo sendo muito foda e merecedor da vitória. Acreditar nesse mantra tosco de que quem acredita sempre alcança é tão opressor! Não podemos positivar todos os aspectos da nossa vida, fato. E se você ainda não conseguiu tudo o que desejava, não é porque não está desejando direito.

Desconfie de quem não revela fraquezas. A força está, definitivamente, na fragilidade. Está aí uma dualidade para ser vivida. Porque as duas vivem dentro de nós. Reconhecer, acolher e viver a fragilidade é uma forma de se continuar íntegro, no sentido de inteiro, e não se demolir. Ou viver pela metade.

Desconfie de quem diz que não gosta de cachorro. Para, né?

CRIE UMA *POLÊMICA!*

De repente, tô achando as coisas tão paradas nas redes sociais. Vamos dar uma movimentada? #CrieUmaPolêmica. Eu crio as minhas aqui, neste texto, e você cria a sua conforme lê, combinado? Ok, ok, pode me mandar e-mail. Ou directs.

- Esculturas de pantera-negra são duvidosas. Esculturas de pantera-negra bebendo água da piscina são muito duvidosas.
- Mesversários temáticos com superprodução pra postar no Instagram. Duas palavras: por quê? A foto da família na mesa toda decorada, o pai visivelmente constrangido, mas obrigado a estar ali.
- Eu já troquei uma refeição por uma taça de vinho. Eu também já cheirei chocolate.
- Eu não pretendo adotar os pronomes neutros. Se alguém com quem me relaciono fizer questão, vou respeitar, claro. Mas acho que a discussão tem um potencial mínimo de levar a mudanças relevantes. Sim, todos podem me criticar, à vontade.

- Eu dou *unfollow* em pessoas no calor de uma raiva momentânea e depois espero uma hora boa, tipo de madrugada, pra voltar a seguir sem a pessoa perceber.
- E já dei *unfollow* e coloquei a culpa no meu filho. Ah, essas crianças travessas!
- Eu faço uma oração toda noite à Nossa Senhora da Gramática para as influenciadoras que falam "apaixonada nesse".
- Eu acho a voz da Rihanna muito irritante. Bem como todas as músicas dela.
- Eu tenho nojo de pé. Pés em geral.
- Tenho muita preguiça da galera que coloca qualquer obviedade clichê entre aspas e posta, crente de que produziu uma frase motivacional profunda. Tipo: "Não tenha um bom dia, faça um bom dia".
- Eu maquio acontecimentos pra impressionar minha terapeuta. Às vezes, não sempre.
- Eu tenho medo da harmonização facial de ex-BBBs.
- Eu tenho nojinho de entrar em carros alheios com cheiro de cabeça. Sabe cheiro de cabeça?
- Eu desejo coisas negativas pras pessoas que ouvem alto seus áudios de WhatsApp.
- O excesso de presença é uma merda. De repente a acústica da mastigação do ser amado, especialmente a mastigação de cereais, biscoitos e coisas crocantes em geral,

é algo que tira do sério a ponto de você ter que se retirar do recinto.

- Fabricantes de perfume, não fabriquem perfumes com cheiro de *freeshop*. Manja cheiro genérico? Aquele cheiro que é a junção de todos os cheiros de perfume? Então, é o cheiro de *freeshop*. Nota de coração: *freeshop*. Nota de base: *freeshop*.
- "Evidências" é a melhor música já feita.
- Não me levem tão a sério. Eu posso ser bem chatinha. Na TPM então…

ESCOLHA SUAS QUALIDADES E *ACOLHA* SEUS DEFEITOS

Se você é obstinada, incansável, corajosa e destemida, provavelmente é teimosa, *workaholic* e tem alguma dificuldade em aceitar nãos. E as pessoas vão colocar o dedo nessas suas feridas. Como disse a poeta, tenha cuidado ao eliminar um defeito, porque ele pode sustentar um edifício inteiro de qualidades. Escolha suas qualidades e acolha seus defeitos.

Se você é intensa, energética, daquelas cuja presença não passa despercebida, provavelmente será um pouco explosiva, impaciente, por vezes ensimesmada. Escolha suas qualidades e acolha seus defeitos.

Se você é realizadora, executora, sabe o que quer, pode ser que você tenha a tendência de atropelar coisas e pessoas ao longo do caminho. Pode ser que você prefira ter razão a ser feliz. Escolha suas qualidades e acolha seus defeitos.

Se você é firme, objetiva, pode ser grossa. Se você é muito reservada, pode parecer antipática. Se você é muito amorosa, talvez seu lado B seja a carência. Se você tem fome de viver, provavelmente é ansiosa. Se é política demais, pode se anular tentando agradar todo mundo. Escolha suas qualidades e acolha os defeitos correspondentes.

Temos sempre a parte boa e a ruim de sermos quem escolhemos ser. Nossa alma é bifurcada. Nem mocinhos nem vilões, mas um híbrido complexo das nossas luzes, das nossas sombras e, entre o branco e o preto, nossos cinquenta tons de cinza.

REMÉDIO DEMAIS É *VENENO*?

"Todo remédio em excesso vira veneno. E você está envenenada", ouvi há uns anos, na terapia. "Você virou refém do seu próprio diferencial profissional." É que sempre tive obsessão pelo lado B das coisas. Me interessa o não revelado, o nunca feito, o oculto, o indizível. Pode soar pretensioso. E é. Afinal, o inédito é apenas uma ilusão. Mas me reservo o direito de me recusar a ser/produzir mais do mesmo. E tem sido assim na minha vida profissional desde sempre.

Pode ser mesmo que, no afã de revelar o irrevelável, eu tenha focado as sombras. Focando as sombras, me rendi à escuridão. Me rendendo à escuridão, me afoguei no veneno. Me tornei negativa, pesada, densa, sempre pronta a dar meu recado: "Ah, vocês pensam que casamento/maternidade/relação de mães e filhas são assim mesmo, só flores? Pois eu vou desconstruir essa visão idealizada agora! E vocês vão ter que me engolir!".

Me atormentei muito por causa da revelação. Sempre me vi otimista, energética, animada. Procurei a raiz dessa "ranzinzice" interna. Por que receitas fáceis de felicidade me dão preguiça? Por que uma análise "dedo na ferida" faz mais sentido pra mim (por mais dolorida que seja) do que o mundo por vezes poliânico da psicologia positiva e do *coaching* motivacional? Freud dizia que o mundo nos adoece quando somos impedidos de simbolizar nosso mal-estar. Concordo.

Acordar todo santo dia grata, cheia de coisas positivas pra vibrar, é falso! Força, foco e fé são desejáveis e devem ser perseguidos, mas a obrigatoriedade diária de personificar essa tríade é dolorida e desumana. A esperança (capacidade de esperar) está comprometida para todo mundo. Pode tirar agora sua fantasia de super-herói — estar acima do bem e do mal é cafona e está fora de moda. Anti-heróis são sempre tão mais interessantes. Desculpa, terapeuta. Entre o lado A e o lado B, ainda prefiro o segundo.

MANUAL ANTICAFONA

Não quer ser cafona? Então siga este manual, se puder.

- Use seu sobrenome com orgulho (em vez de tomar emprestado o de outra pessoa por achar que a família dela é melhor que a sua).
- Não precisa se vestir de logomarcas dos pés à cabeça. Já parou pra pensar o que usar chapéus, óculos, top, casaco, calça, sapato, bolsa e luva com logo aparente diz sobre você? E já parou pra pensar por que você nunca viu, sei lá, a Costanza Pascolato vestida assim?
- Não compre uma escultura de pantera-negra e a posicione bebendo água na piscina (Ok, eu sou obcecada com esse tópico. É que moro em Alphaville, condomínio pertinho de São Paulo que ostenta a maior criação de panteras fora de seus hábitats naturais, risos!).
- Embrulhe presente em papel pardo, é podre de chique.
- Pare de achar que roupa usada tem energia pesada.

- Não mande audiocasts. Resuma, enxugue, vá direto ao ponto nas mensagens. Respeite o tempo do outro e, pensando bem, o seu também. Responda às suas mensagens de WhatsApp, sobretudo se for uma consulta de trabalho — lembre-se sempre de que o mundo é uma roda-gigante: quando estiver em cima, não cuspa metaforicamente em quem está embaixo, porque logo — e isso eu te garanto — você estará embaixo.
- Envie mensagens completas por WhatsApp. Frases com começo, meio e fim de uma tacada só (se tiver pontuação correta, então... hum! Crase, vírgula, ai que tesão!). Mas sério: ajude a banir a inutilidade das notificações intermináveis, cada uma com uma frasezinha. Junta tudo e aí clica em enviar, combinado?
- Não critique a aparência de ninguém nas redes sociais com a desculpa cafona de que "seu perfil é público, está sujeita a crítica, quer só confete?". De uma vez por todas, entenda que crítica construtiva é aquela que a pessoa pode tomar pra si e mudar de rota em cinco minutos — todo o resto é sua presunção rude e seu senso de autoimportância, que acha que o mundo tem que te ouvir porque sua opinião é muito relevante! Freud se revira no túmulo...
- Tenha gratidão por quem, em algum momento, te estendeu a mão. Os cafonas infelizmente têm memória curta demais.

- Se relacione com quem é legal, interessante, agradável — e não apenas com as pessoas em que você tem algum interesse.
- Seja gentil. É de graça e volta tudo pra você. Nada mais anticafona do que ser verdadeiramente legal!

MEU PIOR MELHOR *LUGAR* DO MUNDO

Todo mundo tem um lugar preferido no mundo. E não importa quanto dinheiro você tenha acumulado, pra onde seu trabalho tenha te levado, o que seu casamento tenha te proporcionado, o universo que seus novos amigos tenham te apresentado. O lugar preferido no mundo, pra todos nós, não tem nada de luxo, não nos confere *status*, não foi feito pra ver e ser visto e é zero instagramável. O lugar preferido no mundo se tornou nosso preferido muito antes de a gente ser tão exigente com o que um lugar deveria ter pra ser nosso preferido.

O lugar preferido quase sempre tem a ver com infância, amparo, lembranças que vêm com cheiro, lágrimas e voz embargada. De um tempo em que nós ainda não tínhamos a vida que escolhemos, e sim a que escolheram pra nós. Um doce, cômodo e quentinho *patchwork* de memórias multissensoriais, quase um útero materno.

O meu lugar preferido no mundo é o Sítio Santa Rosa. O Sítio Santa Rosa, ali entre Porto Feliz e Tietê, comprado pelo vô João no começo dos anos 70, era o melhor pior lugar do mundo. Ou o pior melhor lugar do mundo. No Sítio Santa Rosa, a gente tomava banho com um fio de água, a TV já tinha desistido de pegar havia muito tempo e a geladeira era uma simpática sexagenária amarelo-calcinha. Por lá, a cama range, a luz falha, os tapetes fazem espirrar e a internet mais rápida passou longe. No Sítio Santa Rosa, o calor era de rachar e não tinha ar-condicionado. Aliás, tinha muita coisa de rachar ali. Principalmente as paredes da churrasqueira.

Os quartos eram decorados com meus desenhos da terceira série. A sala, com móveis e enfeites que as famílias não queriam mais — Vai jogar fora? Claro que não! Leva pro sítio. Nas gavetas da sala, caderninhos desgastados pelo tempo marcavam a pontuação de uma partida de buraco jogada em 1988. No revisteiro, as primeiras edições de *Caras*. No banheiro da vovó, um Phebo Odor de Rosas praticamente fossilizado que ninguém se atrevia a jogar fora. Na prateleira, uma camiseta da campanha presidencial de 1989 com o slogan "Juntos chegaremos lá, fé no Brasil, com Afif juntos chegaremos lá". Pererecas, sapos e lagartixas coabitavam conosco sobretudo em dias de chuva.

O Sítio Santa Rosa era, e sempre será, o melhor pior lugar do mundo. Infra nota 2, astral nota 10. Conforto físico nota 2,5, conforto na alma nota 10. Porque você sempre saía de lá com o coração aquecido. Mesmo que já tivesse se hospedado em hotéis-palácio nos quatro cantos do mundo. Hotéis-palácio podem ser o melhor lugar do mundo por poucos dias, mas não pra vida toda.

Meu melhor pior lugar do mundo marcou tanto minha vida que nem sei. Ele já existia antes de eu nascer. Era só uma casinha onde íamos passar o dia. Mas vô João, caprichoso funcionário exemplar do Banco do Brasil, construiu a casa grande, a piscina, a churrasqueira, o campo de bocha, plantou as muitas jabuticabeiras, fez o parquinho dos netos, mandou levantar uma "mansão" pros nossos porquinhos-da-índia (Juma e Jove, que formaram uma animada e numerosa família — sim, estávamos em 1990, época da novela *Pantanal*), plantou horta, instalou ali um espantalho, montou uma quadra de vôlei na grama, separou uma área pras eletrizantes partidas de taco. Vô João pensou em tudo.

Foi no Sítio Santa Rosa que passei as melhores festas juninas da minha vida. Eu organizava as barraquinhas das atrações, confeccionava a boca do palhaço, comprava as prendas. Foi ali também que meu saudoso tio Beto (que nos deixou tão cedo, aos 37 anos) reunia as crianças à noite, sob as estrelas, e nos mostrava as constelações todas. As sessões estelares poderiam ser interrompidas pelo vô João, que cultivava o sádico hábito de correr atrás das crianças com algum anfíbio nas mãos… meu vô amado, daria tudo pra ter você aqui, agora, me perseguindo com uma perereca gosmenta nas mãos.

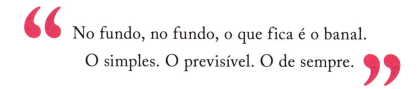

> No fundo, no fundo, o que fica é o banal.
> O simples. O previsível. O de sempre.

Os pães na chapa que a vó Neide fazia todas as manhãs. Os churrascos do papai. As partidas de rouba-monte, que viraram partidas de porco, e então de buraco, cacheta, tranca e *blackjack*, à medida que fomos crescendo. A gente repetindo pra vovó que "fruta não é sobremesa", quando ela vinha com uma travessa de melancia e/ou laranja-lima colhida do pé. As canas chupadas (roubadas?) no canavial do vizinho. As famílias de caseiros que viraram nossas próprias. As madrugadas insones assistindo ao desfile das escolas de samba na TV. Os cachorros todos que por ali passaram: Batman, Rambo, Lully, Tutti, Mike, Leopoldo, Amélie, Malu, Glória, Cíntia, Cleo…

A gente indo criança, depois adolescente, e então namorando, casados, grávidos, com bebês que viram crianças que… bem, neste ponto um capítulo desta história se encerra. Estamos em 2023, vovô se foi em 1999, vovó ficou doentinha e nos deixou ano passado (partiu dormindo), primos se mudaram pra longe. O Sítio Santa Rosa, o melhor pior lugar do mundo, já não faz mais tanto sentido neste contexto. Não conseguimos cuidar dele como ele merece. Vendemos o Sítio Santa Rosa. Ficamos com nossas memórias — estas, merecidas e indestrutíveis. Que nosso Melhor Pior Lugar do

Mundo faça outra família tão feliz quanto fez a nossa. Seus sortudos... Que vocês fujam de pererecas, estudem constelações, acendam fogueiras que aqueçam seus corações. Que vocês possam, daqui a quarenta anos, falar sobre esse lugar com a mesma emoção com que escrevo aqui.

O *ADULTO* (NÃO) FUNCIONAL

Eu tenho certeza de que você conhece ou convive com algum adulto não funcional. Eu sim, quem também? Bom, pra definir o adulto não funcional, comecemos pelo adulto funcional. Entre os muito *features* do adulto funcional, pra mim o principal, que abarca outros tantos, é a capacidade de lidar com a vida adulta. Com os aspectos práticos e emocionais da vida adulta.

Que significa entender que, primeiro de tudo, você não é o centro do universo que você, com sorte, era quando criança. Você não é a pessoa mais especial do mundo (ou, pelo menos, do mundo da maioria das pessoas que cruzarão seu caminho, que não são sua mãe ou sua avó). Logo, não é tudo sobre você nem para você. Adultos não funcionais alimentam essa fantasia infantil de protagonismo em todas as circunstâncias e rodam eternamente no *looping* da autoimportância desproporcional, como se o mundo devesse a eles a mesma atenção que tiveram em casa, no seio familiar.

Por essa dificuldade em olhar além de si, adultos não funcionais normalmente estabelecem relações não funcionais.

Nos âmbitos pessoal e profissional. Com uma tolerância baixíssima à frustração, eles vivem sempre na infância dos relacionamentos e quase nunca ultrapassam esse estágio embrionário, a não ser quando se relacionam com pessoas extremamente dominadoras (que viram seus pais ou mães, e aí as coisas se encaixam) ou extremamente fracas (que eles rebaixam e dominam com seus caprichos, e aí temos um "encaixe" novamente). Relações equilibradas demandam que as partes cedam, se coloquem no lugar umas das outras e assumam papéis de mesma responsabilidade, o que é bem difícil pra eles.

Outro ponto. Adultos não funcionais se vitimizam. Eles nunca tiveram chance, sorte, oportunidade suficiente. Mas também não exatamente foram buscar. Tem gente que prefere morrer achando que não tem escolha apenas pra não assumir responsabilidade alguma.

A vida operacional desses indivíduos só não é um caos quando tem outra pessoa pra cuidar. As emoções deles só não são um caos porque eles nem tomam conhecimento delas, são avessos a aprofundar. A frustração deles com a vida pobre que levam (e aqui nada a ver com posses) só não é imensa porque eles negam que tenham qualquer responsabilidade sobre seus problemas.

A autoimagem do adulto não funcional só não é maior que seu autoengano. Tentar ajudar é nobre, mas se afastar pode ser a única alternativa saudável possível pra quem não consegue enxergar que precisa de ajuda.

EU PODERIA TER SIDO *COADJUVANTE...*

Eu poderia ter sido mais política. Poderia definitivamente ter comprado menos brigas, abaixado mais a cabeça. Poderia ter me arrependido das coisas que eu não fiz, mas eu sou daquelas que se arrependem das coisas que fizeram mesmo.

Poderia ter me mantido mais neutra, permanecido mais confortável na invisível posição "em cima do muro". Poderia ter dito mais amém pros chefes do passado (melhor ser feliz do que ter razão, não é o que dizem?). Poderia ter sido mais discreta, conformada, na zona de conforto que é confortável pra todos os envolvidos, sabe como? Isso me traria muito menos dor de cabeça on e off-line. Poderia ter criticado menos e aplaudido tudo mesmo sem concordar. Porque é bom ser querido por todos, né? Quem não gosta? Mas eu não gosto das carícias de plástico.

Poderia ter me calado ao ser sacaneada, ah... quem nunca foi sacaneada, grande coisa! Poderia ter aceitado todos os nãos que recebi com cabeça baixa e um sorriso resignado de "obrigada pela atenção, fica pra próxima então". Poderia ter ignorado, deixado quieto, por mais consumida que estivesse pela sensação de injustiça.

Poderia ter confiado menos nas pessoas, gostado menos, colocado menos expectativa, poderia ter aberto menos espaço na minha vida e no meu coração, poderia ter aceitado, poderia simplesmente ter sido uma coadjuvante insossa da minha própria vida.

Mas aí não seria eu. Mônica Salgado, 43 anos, Libra com ascendente em Aquário, demasiadamente humana, loucamente imperfeita e apaixonadamente louca.

O *NÃO* SUFICIENTISMO

Ontem tive uma reunião de trabalho pra "brainstormar" sobre posicionamento e próximos passos. Fui tomada por uma sensação que é das maiores dores de todo criador de conteúdo: o não suficientismo.

O não suficientismo é mais que um conceito, é um estilo de vida onipresente segundo o qual, por mais que você faça um monte de coisas e faça bem feito, e essas coisas performem bem, ainda assim não será suficiente. Mas, gente, eu cheguei dizendo, olha minhas pensatas, só na última ganhei 4 mil seguidores, as marcas não dizem que querem conteúdo autêntico? Tá aí... Mas aparentemente falta conteúdo de moda. As marcas precisam te ver como *influencer* de moda, Môni. Faltam *stories*. Faltam mais *reels*. Entrar em mais *trends*. Abrir caixinha de perguntas. Que tal fazer sua *make*? Já pensou em abrir o *closet*? Vídeo de casal...? Ufa... Mas isso, é claro, se você quiser fechar contratos longos e mais rentáveis com as marcas... dã, quem não quer?

Voltei pra casa com o cérebro fervendo. Por que a influência digital é um espelho da vida e da nossa cultura que prega altíssima performance e a lógica do "chegou na meta? Dobra a meta!". O não suficientismo elevado à enésima potência. Mesmo que você esteja bem, você poderia estar melhor.

É um pensamento que, por mais bem resolvida que você esteja, mexe. Abala. Porque é um raciocínio que pega o melhor de cada *influencer* referência — tem que fazer moda como a Silvia, *lifestyle* como a Fabi Justus, entretenimento como a Mica, trazer a família como as Tranchesi, conteúdo mais cru como a Coutinho — junta tudo e joga nos seus ombros a pressão de ser um Frankenstein, uma colagem das maiores qualidades isoladas de cada uma somadas. Oi?

- Problema 1: ninguém é tudo isso ao mesmo tempo.
- Problema 2: e o que eu sou?

É tentador olhar pro lado, e é necessário. O outro não deixa de ser um ponto de partida pra gente se definir e se organizar, mas sem perder de vista o que a gente tem de único.

> **O não suficientismo é uma praga mercadológica.**

Você está bem, mas, ah!, tá todo mundo em Paris, será que você não poderia estar lá? Você está bem, mas podia ter mais clientes de moda. Você está bem, mas por que não fecha contratos longos? Você está bem, mas não tá bem o suficiente… Será? A voz de fora não pode ser mais potente que a voz de dentro, né? Eu quero é trocar o não suficientismo pelo suficientemente bom.

O PODER DE *PEDIR* DESCULPA

Pra quem você está devendo um pedido de desculpa, hein? Diga em voz alta o nome dessa pessoa agora, pra você se ouvir. Eu poderia dizer um ou dois nomes. Fiquei refletindo sobre o poder curativo de pedir desculpa, e também sobre o que nos afasta desse ato, depois de ler um conteúdo a esse respeito no blog da psicoterapeuta belga Esther Perel, pra mim a maior autoridade em relacionamentos do planeta. (Amo ouvi-la!)

Pedir desculpa é uma das primeiras habilidades de relacionamento que nós aprendemos quando crianças. Mas a verdade verdadeira é que a gente só pede desculpa porque nos mandam pedir — "Pede desculpa pra sua irmã, pro amiguinho…", e a gente vai lá e obedece.

Conforme crescemos, tudo ganha novas camadas de complexidade e medo. A gente se convence de que pedir desculpa demonstra fraqueza. Ou a gente fica com receio da reação do outro. Pedir desculpa dá o poder ao outro de nos perdoar ou não. Ou seja, talvez tenhamos que lidar com uma rejeição ainda por cima! E rejeição dói demais.

Foi exatamente o que aconteceu comigo há uns anos. Tive uma briga feia com uma pessoa com quem trabalhei por uma década e considerava uma irmã. Considerava mesmo, não é apenas força de expressão. Um dia, numa fase tensa pra nós duas, discutimos e nos excedemos. Desaparecemos da vida uma da outra. Eu achei que ela se desculparia, porque na minha visão ela iniciou a discussão com um rosário de mágoas que nunca imaginei. Mas não. Resolvi procurá-la, sentia muita saudade. Fiz isso uma vez. Silêncio. Claro que o silêncio dela me machucou. Mas o episódio era recente, talvez fosse isso. Resolvi tentar de novo mais de um ano depois, com as mágoas já decantadas. Ela nunca respondeu. É um dos episódios mais doloridos e incompreensíveis da minha vida. Mas aqui o foco é o pedir desculpa e não a minha questão com a... Óbvio que não vou falar o nome dela, você está doido? Voltando... Ao contrário do que parece, eu não acho que pedir desculpa nos vulnerabiliza. Pedir desculpa nos empodera. E aconteceu isso comigo!

Pensem. É o poder de fazermos a nossa parte. De dizer: "Chega! Nós fizemos essa bagunça juntos, mas assumo minha parte e te peço desculpa...". Você se coloca no lugar de protagonista, agente de mudança. E isso é muito bonito, eu acho. Você escolhe virar a página e seguir. Mesmo quando você acha que não é você que deveria pedir desculpa primeiro. Mesmo correndo o risco de não ser correspondida, mesmo sem entender por que o outro fez o que fez. Nesse lugar, você pode seguir adiante sem precisar que o outro te valide, redima ou perdoe. Você sabe que fez sua parte pelo bem da relação. Se o outro não respondeu, o carma é dele.

Num relacionamento a dois isso é tão comum. Nas brigas de casal, às vezes pelos mesmos motivos ano após ano, a gente sabe o caminho da reconciliação, mas a gente resiste. Não sei nem como começar a falar, então não vou nem tentar. E por que sou eu quem tem que pedir desculpa? Acontece, meus queridos, que pra sermos seres humanos evoluídos precisamos entender que a reparação, em geral, coloca o interesse coletivo, da relação, acima do individual.

Mesmo que você não se arrependa do que fez, você pode pedir desculpa pelo impacto que sua ação ou sua fala teve no outro, mesmo que ele também tenha te machucado — lembre-se de que o objetivo é seguir, e não rodar em círculo. Uma das coisas mais importantes do processo é ver que o outro está tentando. Mesmo se nós estivermos no ponto ideal, estamos melhorando a cada vez.

Pedir desculpa é central pra tudo o que é importante pra nós. Somos todos humanos. Todos ferramos as coisas às vezes. Deixo você com uma frase do poeta persa Rumi: "Para muito além do certo e do errado, existe um vasto campo. Te encontro lá!".

Te encontro lá?

MANUAL ANTICAFONA — PARTE 2

Mais tópicos para o nosso manual.

- Não usarás cinto com fivela de monograma de grife. Não discutirás comigo este tópico. Apenas não o farás, obrigada, de nada.
- Não colocarás vidros verdes nas janelas da sua casa, eles são uma agressão visual. Se teu arquiteto insistir, mudarás de arquiteto.
- Da mesma maneira que não colocarás luz fria na sala da sua casa, a não ser que queiras que ela se pareça com a sala de espera do seu dentista. Não queres, queres?
- Não posarás para foto exibindo uma linguinha marota entre os dentes tipo "sou tão engraçadita". Ok, isso não é cafona, só irritante mesmo.
- Não falarás o preço das coisas sem ser perguntado apenas para se gabar do seu poder de compra. A bandeira

que darás da tua insegurança, acredite, será maior que teu desejo de te exibires.
- Não monopolizarás as conversas sociais falando sobre você, você, você. E levarás para a terapia essa tua necessidade narcísica de fazer com que tudo seja sempre sobre você.
- Não ouvirás áudios de WhatsApp no último volume ignorando que ninguém merece nem precisa saber da sua vida.
- Não gemerás na academia. Insisto: não gemerás na academia.
- Não dirás que algo é diferenciado e exclusivo para valorizar esse algo. Essas duas palavras usadas juntas são verdadeiro atestado de cafonice.
- Não escreverás "apaixonada nesse". Quem se apaixona, se apaixona por alguma coisa, de modo que te esforçarás para não ferir a língua portuguesa e evitarás, assim, passar por grande vergonha diante dos teus seguidores.
- Não escreverás um manual anticafona achando que tu és a dona e proprietária do bom gosto. Menos, né?

SOBRE *PERDÃO*

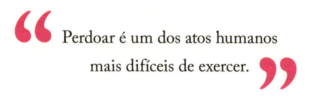

" Perdoar é um dos atos humanos mais difíceis de exercer. "

E quase todo mundo sabe disso porque sente na pele. Todo mundo já foi machucado, sacaneado, injustiçado, traído. E já teve — ou tem — muita dificuldade de desapegar dessa mágoa. Porque a pessoa do lado de lá não se arrependeu, não pediu desculpa, porque a dor é tão profunda que é impossível esquecê-la, porque, por mais que você tente, não entende o que levou a pessoa a agir daquela forma com você. Diante desse fardo pesadíssimo de ressentimento, como perdoar? Como não ficar rodando *ad aeternum* nessa mágoa que nos consome?

Confesso que me vejo encurralada nesse dilema. Numa situação específica da minha vida que envolve pessoas específicas. Sinto que já passei por todas as fases. Dizem que o processo do perdão se assemelha ao processo do luto, e eu concordo. Primeiro, a gente sente raiva e revolta. Depois, se pergunta "mas por que eu?", "o que será que eu fiz pra merecer isso?". Aí vem a maturidade, digamos assim, do luto. A aceitação. Ok, aconteceu assim, essas pessoas são assim, eu não posso mudar o passado. Eu vou acionar a pessoa, tentar entender. Vou desabafar (quando isso é possível), ter uma conversa definitiva, me abrir sobre como me senti. Ah, quer saber? Eu vou sumir, quanto mais distante de tudo que me lembra o conflito, melhor. Eu vou aceitar, me resignar. Mas o que me angustia é que, não importa o que eu diga pra mim mesma, a dor não desaparece. Você já se sentiu assim?

Perdoar é uma atitude, uma decisão, me disseram certa vez. Mas então qual é o caminho entre decidir racionalmente e sentir no fundo da alma? Alguém sabe? Qual o caminho percorrido entre a gente decidir "essa dor me faz mal, vou perdoar" e arrancar a mágoa, enfim, do coração?

Fui pesquisar, conversar com a terapeuta. É, parece que perdoar é uma iniciativa. O ponto de partida é mesmo *decidir* perdoar. O tempo, sozinho, não curará as feridas, não será capaz de sarar a gente, não se a gente não tomar a decisão de perdoar.

E, veja que interessante, perdoar não é esquecer, perdoar não é necessariamente se reconciliar, perdoar não significa que, depois do perdão, tudo voltará a ser como era. Não existe, para o perdão, a obrigação de compreender os motivos ou pensamentos de quem nos magoou.

Ok, entendemos, perdoar *não é* esse monte de coisa. Mas então o que é perdoar?

- Primeiro, uma questão de fé. É acreditar que não se muda o passado e que tudo aconteceu como tinha que acontecer.
- Segundo, perdoar é desapegar. Desapegar gradualmente daquilo que nos causou dor. Não esquecer, mas deixar ir, estar disposta a reciclar a dor. Optar por focar a energia não em alimentar o ódio, mas no crescimento que vem quando a gente ressignifica esse ódio. É procurar um ângulo em que a história possa ser recontada e regravada na nossa memória.

Então o perdão não é sobre o outro, é sobre nós? Provavelmente sim. Somos nós que convivemos com o peso insuportável de não perdoar, então, sim: em última instância, é sobre nós. Quando não perdoamos, nos sujeitamos ao outro, damos a ele um grande poder. E não podemos dar tanto poder a quem não controlamos.

Há diferentes tipos de decepção que causam dores diversas. No meu caso, perdoar infelizmente tem a ver com não conviver. Sim, é possível perdoar e amar a distância.

OUSE DECLARAR *QUEM VOCÊ É*

Ouse declarar quem você é. Quantos milhões de vezes nos últimos tempos você titubeou sobre quem você é baseado no que dizem que você deveria ser? Eu, muitas. Nas redes sociais e na vida real, os estímulos são incessantes. Fulana é tão doce, olha como ela cuida dos filhos, olha como ela posta, olha como ela faz publi, olha como ela é neutra politicamente, como ela administra múltiplos negócios, como ela saiu na *Forbes*, como tem tempo pra família, como fatura x por mês... E o subtexto de todas essas observações é: olha como ela é e você não é.

E aí a gente fica pensando que quer ser uma coisa que, lá no fundo, a gente nem sabe se quer ser. Ou se pode ser. É como se essas sugestões fossem aqueles diabinhos de desenho animado, em cima dos nossos ombros, nos tentando com coisas lustrosas, mas que nem sempre fazem sentido pra nós.

Sabe quando você ouve aquela voz que vem de dentro que diz "esse é o meu verdadeiro eu"? Essa voz já ecoou em você, certeza. Nem sempre ela grita, às vezes ela apenas sussurra e precisamos estar atentos pra ouvi-la. Mas ela aparece, a voz, quando fazemos algo que acende nossa luz. Que faz brilhar nossos olhos e tinir nossa energia. É tão, mas tão fácil a gente se deixar seduzir pela grama do vizinho, mesmo quando temos um oceano no quintal de casa. Minha luz brilha quando eu faço isso aqui, minhas pensatas. Dentre tantos caminhos profissionais possíveis, é fazendo isso que ouço minha voz interna dizendo "é o meu verdadeiro eu!". Isso tem que significar alguma coisa! Ao ouvir essa voz, não apenas caminhe até onde ela sugere, mas se jogue. Mergulhe na voz.

Ser quem somos exige coragem. Ser quem nós queremos ser exige coragem. E também algumas renúncias. Mas é seguro, é próspero e é lindo!

DO *CONTRISMO*

Eu sou do contra. Gosto de ser a diferentona. De ser a voz da discordância. Tá todo mundo fazendo assim? Ah, então eu faço assado! Galera toda na mesa achando "x"? Pois eu acho "y".

E não basta achar. Pre-ci-so externar. Acho chique quem diz: "Eu acho tal coisa, e isso basta, não preciso verbalizar". Que autossuficiência invejável! Que relação mais civilizada com a própria consciência!

Sou de família classe média. Mãe professora, pai militar. Estudei jornalismo e sempre trabalhei em revistas voltadas pro segmento de luxo. Eu me casei cedo, marido astro pop dos anos 80, cheio de amigos *selfmade* de origem humilde que fizeram fama e fortuna no *showbiz*.

Em todos os grupos só tem *tutti buona gente*, porque acho abominável julgar por rótulos superficiais e porque, até que me provem o contrário, todo mundo é legal, justo e quer acertar.

Fui criada num mundo, circulava num outro. Sempre tive dificuldades pra me encaixar lá e cá. E fui desenvolvendo uma habilidade esquizofrênica de sobreviver nos dois mantendo alguma essência e borrifando-a de conveniência.

Resultado: sempre fui a patricinha no meio dos porra-loucas. E a porra-louca no meio das patricinhas. Sou progressista no meio dos conservadores. E conservadora no meio dos progressistas.

Entre meus colegas de jornalismo na faculdade, era a *lady* riquinha filha de militar. Entre os amigos "mili" (apelido carinhoso para milionários) do meu marido, sou a jornalista meio reaça.

Notem que extremo nenhum me define e que não sou *lady*, muito menos riquinha, não me considero canhota (não mesmo) nem reacionária.

Viro feminista ferrenha ao ouvir discursos machistas, porém entre as feministas ativistas sou considerada *soft* demais. Defendo o destino entre os adeptos do livre-arbítrio. E digo que o universo está cagando pra quem menciona "o tempo do universo".

Praticar o "do contrismo" me ensina sobre mim e sobre os outros. Testo as pessoas, testo a mim mesma, testo os extremos e testo minhas crenças numa catarse existencial terapêutica bem provocativa.

E a vida não é sobre isso? Sobre constantemente colocar as poucas certezas que temos sob escrutínio? Não sei bem quando isso começou, mas não quero que acabe. Viva o do contrismo!

DAR CONTA

A gente vive alimentando a fantasia de que algo ou alguém vai dar conta da gente. Por "dar conta" entenda-se algo ou alguém que nos dê sentido, que nos complete, que nos baste, que nos explique, que nos entenda plenamente, que nos valide. Que, enfim, dê conta de nós.

Trago más notícias: não vai. Nada, nem ninguém. Nem nossos pais (a quem julgamos tanto e culpamos tanto por nossas mazelas, sobre quem colocamos o peso do amor incondicional que se instituiu que devem sentir por nós), nem a terapia (que é necessária e recomendável, mas às vezes parece que ficamos anos rodando em círculos), nem a religião (porque ela é uma questão de fé, o objeto de fé não se comprova objetivamente; então, crer é confortável e divide o fardo pesado da vida terrena com algo que é meio mágico, que não se explica. Mas dar conta de nós, ah, não dá, não...), nem o casamento (afinal, são dois seres humanos falhos tentando achar algo que lhes dê conta), nem o trabalho (a tentação de se jogar, de se doar no trabalho, porque é algo que "aparentemente" é mais fácil de controlarmos do que os afetos), nem os amigos (por mais antigos e "da vida" que eles sejam, eles também estão lá, abraçando os ônus e bônus de suas escolhas), nem os irmãos (o fato de termos o mesmo sangue significa que temos laços, mas não necessariamente temos vínculos profundos).

> Nada nem ninguém pode dar conta da nossa complexidade.

Nem nós mesmos, pra começo de conversa — tanto que quase sempre buscamos fora respostas pra dar conta das nossas angústias aqui dentro.

Tudo começa lá atrás, quando somos bebês. Quando nos acostumamos à preenchedora sensação de ter à disposição uma mãe que dá 100% conta da gente — que nos mantém alimentados e limpos e aquecidos e nos olha fundo nos olhos como se ela se fundisse a nós, numa simbiose delicinha. Chega um pai para triangular a relação. Pra ensinar mãe e filho que 33,3% daquela relação lhe pertence. Ele dá uma estragada necessária no nosso quentinho aconchegante. Ali, naquele momento, o universo já nos deixou claro: achar que algo ou alguém dará conta de nós integralmente é uma fantasia. E a realidade sempre atravessa a fantasia.

A partir daí vêm mil coisas, mil esperanças de que algo dê conta de nós. Algo que condense em si todas as respostas de que precisamos, que traga alívios para nossas angústias, alentos para nossas deprês, amores para nossas carências e substâncias para preencher nossos vazios. Que simplifique nossa complexidade. Que nos organize. Que nos sinta e nos dê sentido.

Todas vãs. Porém, se as juntarmos todas, usando como liga, como link, nosso desejo de sermos melhores, nossa genuína vontade de sermos pro mundo nossa melhor versão… aí acho que todo excesso será perdoado. Toda falta será perdoada também. Às portas dos 42 anos, peço que eu entenda, de uma vez por todas, que sou a única pessoa com quem posso contar. E que eu não me abandone ou negligencie. Que eu possa — tanto quanto for humanamente possível — dar conta de mim. Por que, afinal, o que pode ser mais real do que eu cuidando de mim?

A *FARSA* DA SÍNDROME DA IMPOSTORA

Síndrome da Impostora. Eu tenho arrepios quando ouço essa expressão e vou explicar o porquê. A Síndrome da Impostora pressupõe que o nosso insucesso é só responsabilidade nossa. Coloca na conta do indivíduo — no caso, a impostora, a pessoa que se boicota — toda a carga do fracasso, como se não houvesse fatores externos, elementos que não controlamos, competências e incompetências de outros, *timing*, sorte, acaso, destino, conjunção astral, questões de gênero, classe, raça. Ao individualizarmos e personalizarmos o insucesso, sair dessa situação parece ser apenas questão de força de vontade, superação ou aplicação eficiente de uma fórmula. A gente se culpa, e essa autoculpabilização ignora totalmente contexto e perspectiva, como se o mundo todo girasse em torno do nosso umbigo.

Eu caí nessa armadilha de Síndrome da Impostora recentemente. E, nas minhas andanças aqui pelas redes, encontrei um post da Perestroika que me fez refletir sobre o assunto. Busquei em cada célula do meu corpo o motivo por uma má fase profissional. O que, afinal, eu estava fazendo de errado? Por que eu me sentia tão despreparada, indigna, insuficiente para vingar? Apesar de ser tão estudiosa e dedicada? Depois de duas décadas trabalhando no jornalismo impresso, que praticamente acabou, emendei um trabalho na TV, que não evoluiu como eu esperava, mergulhei na produção de conteúdo, mas... por que eu tinha a sensação de que, por mais que fizesse, ninguém estava vendo? Uma dolorida sensação de invisibilidade profissional que quase me fez pirar e me fez questionar tudo... sobretudo minha capacidade, minha sagacidade, minha entrega. Sou uma farsa! E, pá, me chicoteava! Tinha algo de errado comigo, só podia. Nesses momentos, a gente fica tão cego tentando encontrar o inferno em nós que não percebemos que o inferno são os outros, como dizia Sartre.

Uma decisão simples e objetiva me colocou num outro trilho, com outra energia. E, de repente, ficou claro: não era eu. Eu não mudei. O entorno mudou. E então a mágica aconteceu. O que eu quero reforçar é que sim, claro que somos protagonistas da nossa própria vida. Mas nossa vida é uma história que tem muitos roteiristas, meus amigos. Coadjuvantes que orbitam em torno da trama podem mudar tudo — e eles também têm suas histórias, vale lembrar. É libertador entender que nem tudo é sobre nós — nem o bom que nos acontece, nem o ruim que nos acomete. Dividir esse fardo com a vida é um alívio.

Ou você acha mesmo que basta acreditar no seu potencial, ter força de vontade e pensar positivo que você vai conseguir tudo o que deseja? Reza a grande fé capitalista que, se você se esforçar, você consegue e, se conquistar, é porque merece. Todas as nossas conquistas estão atreladas a nosso esforço. E se você já fez o possível, agora é hora de correr atrás do impossível. O sucesso é um modelo social que exige autoaperfeiçoamento constante. A gente tem que se provar todos os dias.

Se fracassamos, nos sentimos farsantes completos, inseguros, insuficientes. Se temos sucesso, acreditamos estar livres da sensação de impostores e... pior: associamos isso à nossa superação individual e retroalimentamos o problema.

Dar um nome a uma sensação tão comum pode ajudar a nos organizar, a nos sentir menos solitários. Aquele alívio familiar que a gente sente quando sabe que outras pessoas passam pelos mesmos dramas. Porém, toda redução é míope, e o foco do problema no lugar errado faz a gente acender as luzes erradas — e deixar no escuro questões fundamentais.

Eu adoraria dar aqui cinco dicas pra você não se deixar enganar pela Síndrome da Impostora — provavelmente isso venderia muito mais livros. Mas a vida não se simplifica com fórmulas genéricas. Então deixo apenas o meu relato. Pra uma coisa acontecer — ou não acontecer — muitas coisas precisam coisar juntas. Síndrome da Impostora, a única farsante aqui é a senhora...

VIRALISMO

Você sofre de viralismo? Se sente obrigado a viralizar pra se valorizar? Fale bem, fale mal, mas poste sobre mim. Ou engaje no meu post, me chame pro seu podcast, faça meu nome circular, *please*! Bem, você não está só, e são muitas as evidências de que nos tornamos pessoas e marcas obrigadas a viralizar. Os desfiles de moda em geral, por exemplo, sobretudo pós-pandemia. Será que não é mais sobre moda e *savoir-faire*, e sim sobre viralizar? Não é mais sobre conteúdo, sobre opinião, sobre entretenimento legítimo, autêntico e orgânico, puro e simples? Tudo é intencional, calculado meticulosamente para causar?

Li esta reflexão maravilhosa no Float Vibes (seu perfil do Instagram é @floatvibes) e no perfil do psicanalista Lucas Liedke (@lucasliedke) que fez muito sentido. Segundo eles, é um empuxo que nos convoca a fazer parte de qualquer acontecimento e capitalizar em cima de tudo que entra em pauta. É uma verdadeira corrida para formar a opinião certa, fazer o melhor comentário, provocar mais impacto. Sempre com o cuidado de não perder o *timing*. *Timing* é tudo no viralismo.

Ninguém é louco de perder a oportunidade de falar qualquer coisa (sempre com muita ênfase e certeza), apontar o dedo, desmascarar pessoas só pra sinalizar sua virtude, pegar carona em qualquer causa. Quem sabe assim me notam? Quem sabe assim me viralizam?

> Será que o mundo está ao contrário e ninguém reparou, como canta Nando Reis? Ou é só reflexo dos tempos e tudo vai se acomodar e equilibrar?

Como diz o Float Vibes, uma vida terrivelmente on-line implica uma perigosa transferência de códigos, uma dinâmica que confunde vida na internet com vida real. Se não postou, não aconteceu. Se não viralizou, não tem valor. Se fulano não comentou, ele não liga pra você. Se fulano não aparece no seu *feed*, "nossa, tá sumido, não deve estar fazendo nada de interessante". Se não posta sobre uma causa, é porque não se importa, seu alienado sem empatia!

Eu amo as redes sociais e vivo delas. Mas não posso deixar de notar, com muita preocupação, que passamos da economia da atenção para a economia da tensão. A tensão que resulta da obrigação de viralizar pra se sentir validado profissional e pessoalmente. Até onde o viralismo vai nos levar?

IDEALIZAÇÃO DA *FAMÍLIA*

Quando é que você vai separar o que é sua idealização da família do que é sua família real?

> Não se trata de entender por que as coisas são como são nem de pedir explicação para o inexplicável (pra você). Trata-se de aceitar. Essas pessoas são o que elas conseguem ser.

Para de gastar energia tentando escarafunchar motivos. Você é responsável, ou corresponsável, pelo seu núcleo familiar, aquele que você está construindo com seu marido, sua mulher, seu companheiro etc. É nele que você atua diretamente, dita as regras e os afetos. Dos outros meios, você é apenas produto.

Faça o que pode com o que você tem. E foque isso. É lindo o que você está construindo.

VÍNCULO QUE
NÃO FAZ LAÇO

Você já olhou pro seu marido, namorado, parceiro hoje e pensou: caramba, onde foi parar aquela nossa sinergia? Até o mesmo gosto musical a gente tinha... A gente curtia os mesmos programas, tinha interesses parecidos, concordava sobre as coisas que realmente importam...

> A gente até se gabava de sermos opostos complementares. Em algum momento da vida a dois, você sentiu que o complementar se foi, deixando só o oposto?

Ó: eu não tô falando de falta de amor. Nem de falta de vontade de estar junto. Eu tô falando de quando os desencontros viram uma questão justamente quando se tem amor e vontade de estar junto.

Sim, este é um texto autobiográfico. Essas questões são ou estão bem reais na minha vida. E eu tenho pensado muito sobre elas especialmente nos últimos dias, quando soube que um casal de amigos, casados desde sempre, passa por uma crise séria. Aquele casal que você não imagina um sem o outro e o outro sem o um. Não é o nosso caso aqui, mas a reflexão é válida. Quando o vínculo deixa de fazer laço?

Mais que isso: a construção de um vínculo sempre vai passar por altos e baixos, porque é assim que são as relações humanas. Mas e quando os baixos se tornam baixos demais? Quando as concessões se tornam anulações? Quando *aceitar* a diferença vira *tolerar* a diferença, que vira *suportar* a diferença? E quando chega aquele momento em que você olha a pessoa falar, a boquinha mexer e as palavras saírem e pensa assim: meu Deus, eu não poderia discordar mais, o que essa pessoa tá falando?! Pra você, isso acende luz amarela ou luz vermelha?

Há que se levar em conta, claro, que vivemos tempos de cansaço emocional e saturação de estímulos. Em tempos de redes sociais, as emoções ficam amplificadas, e as comparações, inevitáveis. Será que essa cultura que prega que "mesmo que você esteja feliz, você poderia estar mais feliz!" não desconecta demais a gente do real, do possível, do concreto?

Eu tento atualizar meu conceito de amor de quando em quando. Porque a gente muda, o outro muda, o cenário muda, e o desafio maior é reencaixar um no outro apesar do cenário e equalizar o relacionamento a cada nova etapa do caminho. A cada rodada e a cada impasse, negociar limite, recalcular rota. É um trabalho artesanal.

Tenho a nítida sensação de que um casal segue na paralela, cada um na sua rota, um sempre de olho no outro. E essas duas linhas de vez em quando se cruzam em interesses comuns, assuntos de responsabilidade dos dois, filhos, casa, contas, uma viagem juntos. Mas essas duas linhas não se cruzam sempre. E tudo bem se, em algumas fases, elas se cruzarem menos. Desde que, na paralela, a gente siga um de olho no outro.

Isso não é a falência de um relacionamento, embora nossa fantasia de amor romântico nos convença de que amor, amor mesmo, é navegar nas águas calmas da harmonia e da completude, sem esforço. Minha terapeuta me disse o contrário: amar é suportar a falta, em si e no outro. Nem um completa o outro, nem o outro completa o um. Você afasta aqui para reencontrar ali. Porque o encontro exige desencontro.

É perfeitamente normal seguir assim, na paralela, cada um com seu pacote, e eventualmente se cruzar. Às vezes mais, às vezes menos. O laço pode seguir forte mesmo assim. Afrouxado, pra permitir a mobilidade dos dois, mas forte. Em linhas separadas, mas um sempre de olho no outro. Esperando a tempestade passar pra se cruzar de novo logo ali na frente.

MANIFESTO DO SUFICIENTEMENTE *BOM*

A partir de hoje, ou só por hoje, eu prometo me contentar em ser suficientemente boa e não me martirizar ao:

1. Desmarcar a terapia da semana porque simplesmente hoje não tô a fim de dedo na ferida.
2. Dizer pra filho que "não é não". Não argumentar, não educar, não pensar na Rosely Sayão, não abaixar pra falar com ele olho no olho. Só berrar que "Não é não. Porque eu quero!". E ponto.
3. Trocar a transa quente por dormir de conchinha.
4. Entregar 60% de mim a uma pessoa, um projeto, uma relação, e não os habituais 100.000%.
5. Não zerar a lista de pendências do dia, nem da semana, do mês e muito menos do ano. A gente nunca zera a lista de pendências mesmo...
6. Pular a academia e pedir Pizza Hut.

7. Encerrar uma discussão com o marido com um "Quer saber? Vai *piiii*..." porque deu preguiça de pensar em argumentos inteligentes. E ainda dormir brigado.
8. Já arrumada pra sair, arrancar a roupa, colocar o pijama e inventar uma enxaqueca pra ficar em casa.
9. Preferir ver *Casamento às cegas* (ou qualquer *reality* de relacionamento que nos permita acreditar que nosso próprio relacionamento não é tão ruim assim) a um documentário inteligente.
10. Desejar o mal a quem me deseja o mal. Sem grandeza de caráter, sem "eu sou superior e isso não me afeta" ou "eu te perdoo". Não perdoo e quero mais é que você se ferre. Nem que seja só por hoje.

FILHO NÃO É *VASO*, FILHO É *PLANTA*

Um dos vídeos mais impactantes que eu vi recentemente foi do Marcos Piangers, de *O papai é pop*. E ele dizia que filho não é vaso, filho é planta. Não dá pra moldar filho. A gente pode até podar pra crescer melhor, mais forte, mas filho não se molda. Nesta família tem bananeira, eu sou uma bela bananeira, eu espero dar à luz bananeira, só que do nada vem goiabeira, não sei lidar com goiabeira, gente. Será que não dá pra ajustar, sei lá, escola, terapia... Será que não conseguimos transformar a goiaba em banana?

Não, a gente não consegue. E mesmo se conseguir... Caramba, a que preço? E com que legitimidade? Porque a gente não sabe lidar, a gente precisa amar. Parece óbvio, porém não é. Porque todo mundo que eu conheço tenta moldar filho. Todo mundo vai negar, mas tenta. A gente quer moldar à nossa imagem e semelhança, se gabar que "meu filho sou eu todinha". Porque é difícil demais lidar com o desconhecido, com o que não é espelho, a gente acha que é nosso papel, do alto da nossa imodéstia, escolher os caminhos de quem amamos. Segundo qual régua, né?

A intenção é boa, mas a ação pode ser desastrosa, porque, como lembra o Marcos, quantos filhos não negam a sua autenticidade pra manter o vínculo que têm com a gente? Não se decepcionam pra não decepcionar pais e mães?

Essa dinâmica passa de geração pra geração. Mais nas gerações antigas, mas, meu Deus, é um clássico dos pais. Me pego fazendo isso, meu marido e eu, com muito mais frequência do que gostaríamos de admitir. Muitos amigos nossos também.

Bananeiras podem dar goiabas, maçãs e morangos. E tudo o que devemos fazer é reconhecer, aceitar e celebrar. Não apenas reconhecer e aceitar, entende? Celebrar, festejar e com isso libertar... Acho que esta é nossa missão maior: libertar os filhos daquilo que nós gostaríamos que eles fossem. Pra que eles possam ser quem eles nasceram pra ser.

Fácil não é, não. Mas vamos tentar? Marcos Piangers, obrigada por dar um *start* nessa importante reflexão!

OS *OPOSTOS* NÃO SE ATRAEM

C rescemos ouvindo que os opostos se atraem. A frase é sonora, né? "Os opostos se atraem." Ocorre que, cada vez mais, estudos científicos reforçam o que eu sempre desconfiei de maneira empírica: *os opostos não se atraem.*

> Consciente ou inconscientemente, a gente busca no outro algo que temos em nós mesmos ou em nossa história. O familiar conforta, o conhecido conecta, o parecido aproxima.

Inclusive, todo o sistema universal romântico/amoroso de dar *match* em pessoas — que hoje é muito via aplicativos, mas já foi via analógica, com encontros arranjados por conhecidos (me respeitem que sou dessa época) — sempre foi pautado por similaridade. E a atração que vem da similaridade. O primeiro impulso ao preencher uma lista — imaginária ou real — de qualidades que nós buscamos num parceiro é ticar características e valores parecidos com os nossos. Ou não? Quando alguém quer nos apresentar outro alguém, a argumentação da pessoa é toda erigida sobre as supostas semelhanças entre as partes. "Vocês são muito parecidos! Preciso apresentar vocês!", a gente ouve... Ninguém vai te convencer de um *match* promissor dizendo "Vocês precisam se conhecer, nossa, são superdiferentes. Um é água, o outro é vinho!".

Vale dizer, em defesa dessa expressão tão popular, que o diferente excita o ser humano, mexe com a nossa fantasia. Sei lá, se você é toda certinha e organizada, em algum momento da vida fantasiou fugir na garupa de um aventureiro cabeludo, pra ficar bem no estereótipo. A psicologia explica um pouco essa nossa fissura pelo oposto, que passa pela nossa necessidade de aventura, desejo pelo novo e curiosidade pelo desconhecido — todas são coisas constitutivas do ser humano. O sociólogo americano que em 1954 cunhou a expressão "opostos se atraem" defendia que a gente selecionava parceiros a partir de necessidades complementares às nossas. Ou seja, com qualidades que nos faltavam, em busca dessa utopia chamada plenitude. Um introvertido busca um extrovertido e por aí vai...

Mas, hoje, sabe-se que até podemos nos atrair por diferenças superficiais (ele gosta de ficar em casa, eu sou de sair), porém, quando o assunto são crenças e valores fundamentais, as pessoas realmente se atraem por quem pensa parecido. Há evidências que mostram, inclusive, que os opostos não só não se atraem como também se repelem. Ou vai dizer que você não conhece ou ouviu falar de casais que se separaram por divergências políticas, por exemplo?

A polarização global que vivemos faz com que estejamos ainda mais propensos a nos conectar com nossos semelhantes. É muito mais fácil encontrarmos o *match* perfeito dentro das nossas bolhas. Os próprios algoritmos trabalham pra nos sugerir conexões com quem pensa, curte e compartilha parecido. Nosso cérebro, diz a ciência, costuma até gostar de quem é parecido fisicamente com a gente. E essa mesma ciência alerta: tem uma única característica em comum a duas pessoas que, em vez de atrair por similaridade, repele: personalidade dominante. Duas pessoas dominantes provavelmente não vão funcionar bem juntas. No mundo animal não é assim, e essa questão não evoluiu com o tempo.

Claro que isso não quer dizer que duas pessoas com valores diferentes não possam ficar bem juntas. Há benefícios na divergência, e a gente também muda ao longo da vida. Estou com meu marido há 25 anos, e seria mentira dizer que não mudamos. E é precisamente aí que reside, acho eu, o grande desafio dos relacionamentos longos. Nossas crenças fundamentais sobre temas importantes — religião, ideologias etc. — podem, sim, mudar com o tempo. E ajustes e reencaixes serão necessários. Quase que recomeços. Os casais juntos há anos começam de novo algumas vezes. E precisam constantemente se relembrar do porquê de estarem juntos.

E neste momento me vem à mente outra frase que ouvimos muito por aí: os dispostos se atraem. Às vezes, os opostos só se distraem.

TRANSO, LOGO *EXISTO*

Dia desses, encontrei umas amigas pra jantar e, como acontece com alguma frequência quando mulheres casadas se reúnem (Acontece mesmo ou é meu lado *voyeur* dando bandeira?), a conversa recaiu sobre o assunto: quantas vezes por mês (ano?) vocês fazem sexo?

Jornalista que sou, sempre tenho a vantagem de introduzir — sem trocadilho — o tema com a desculpa de que estou trabalhando numa reportagem sobre ele. Outra vantagem de estarmos entre amigas é que o terreno é mais propício para confissões verdadeiras e periodicidades confiáveis.

Quer ver só? Quantas vezes você se deparou com pesquisas sobre a vida sexual do brasileiro em telejornais e pensou "Oi? Média de quatro vezes por semana? Mas essas pessoas não trabalham/dormem/têm filhos/malham/arrumam a casa?". Ah, essa milenar arte, inventada pelo ser humano, de se gabar de coisas que não faz, por medo do julgamento alheio — e olha que, na maioria das vezes, eu poderia jurar que o "alheio" também não faz. Sim, senhoras e senhores, são esses mesmos deuses do sexo que provavelmente responderiam "ler Dostoiévski" em vez de "assistir a *A fazenda*", quando perguntados sobre seu passatempo preferido. Aff!

Assim sendo, prefiro meus métodos pouco-ortodoxos-não-científicos: mulheres aleatórias 40+, com ou sem filhos, casadas ou num relacionamento longo, reunidas em torno de uma mesa bem servida de petiscos e vinho tinto — sabemos bem que o álcool dilui os filtros, o que consideramos providencial aqui.

E então, meninas, quantas vezes? "Aiaiai, lá vem", diz uma. "A hora da verdade!", brada a do lado. "Não pode mentir", manda a outra. "Bom, começo eu", esta que vos fala dá início aos trabalhos. "Já foi mais espaçado, já foi menos. Mas estamos numa boa fase e tem sido uma vez por semana, mais ou menos." Silêncio. Elas digerem minhas palavras, nitidamente tentando colocá-las em uma das caixinhas: 1) relação *caliente*, ulalá; 2) relação nem lá, nem cá, tédio e bocejos; 3) relação fria como gelo.

Uma delas quebra o silêncio. Pergunta há quanto tempo estamos juntos. "Quinze anos de casados. Seis anos e meio de namoro", respondo. Ela coça o queixo, reunindo ferramentas para se decidir entre as caixinhas. "É uma boa média, considerando-se o tempo e tal." Não sei se agradeço. Pensando bem, agradeço. Fazer parte de uma "boa média" só pode ser bom, não? Não?

Outra resolve falar. "Tem sido uma vez por semana porque minha terapeuta me cobra uma frequência mínima. Como tenho sessão às quartas, sei que até terça tem que rolar. Dá tanto trabalho mentir pra ela que prefiro transar mesmo." Aplaudimos a sinceridade. A maioria de nós admite que rola uma preguicinha pra começar, mas depois que começa é bom. É realmente importante pra conectar, pro casal não virar *brother*.

Então, uma terceira relata: "Uma vez por mês, uma vez a cada dois meses. Mas está bem satisfatório pros dois". E as demais, em uníssono, impedidas de fazer qualquer julgamento depois do "está bem satisfatório pros dois": "Ah, é isso que importa!". E é mesmo, na real. Que ambos estejam alinhados na frequência. Mais que isso: que sejam flexíveis pra entender que, numa relação, há que se realinhar os desejos constantemente. Os dois têm seus altos e baixos pessoais (de estabilidade emocional, de tesão, de problemas profissionais, de ânimo), que influenciam diretamente nos altos e baixos do relacionamento. O realinhamento deve ser *nonstop*, em todos os níveis.

Isso sem falar no fator tempo. No início, o céu é o limite — porque o tesão e o medo de ser flagrado não têm limite algum! E dá-lhe acostamento de estrada, banheiro de avião, piscina de *resort*, praia lotada, estacionamento de shopping, escada de prédio. Uma, duas, três vezes… por semana? Não, por dia.

Mas se tem uma coisa que as redes sociais nos ensinaram (e que ainda não aprendemos, porém seguimos tentando) é a de não se comparar com o outro. E nem com a gente mesmo do passado — esse lugar idílico do qual nossa memória seletiva lembra só do que foi bom. É concorrência desleal.

Bem, amigos, minha frequência atual é suficientemente boa. Se preciso for, recalcularemos a rota. E a sua? Me conta? Sabe como é, estou fazendo uma reportagem...

SOBRE O *DESAMPARO*

A sensação de desamparo é algo que mexe profundamente comigo. Nada me desaterra tanto, nada me regride tanto a níveis infantis, primitivos e um tanto patéticos quanto me sentir desprotegida por quem eu acho que deveria me proteger, descuidada por quem eu acho que deveria me cuidar, abandonada por quem eu acho que deveria me olhar. E isso nas coisas grandiosas e nas coisas pequeníssimas, porque para um desamparado emocional as medidas não são muito precisas. Tudo ecoa no mesmo buraco e reverbera com muita potência.

Começando por coisas aparentemente bobas — pelo menos as que eu posso revelar aqui —, como ficar a meu lado numa discussão familiar na mesa de domingo. Manifestar apoio público nos poucos mas marcantes momentos de semicancelamento que vivi. Me defender quando me atacarem, tipo comprar minhas brigas (vá lá, quando elas forem justas). Fato é que se sentir invisível, desimportante, não vista, não amada, enfim, é amargo como poucas coisas o são.

Sou uma viciada em amparo, uma sedenta por amparo. E eu sou, se é que se pode dizer isso, uma desamparada em recuperação. Tanto é que tenho trabalhado muito esse tema na terapia. Porque, pra começo de conversa, desamparados em algum nível somos todos nós, humanos, que não temos casco pra nos proteger. Como nos lembra a psicanálise, bem cedo constatamos nossa incompletude, nossa extrema dependência da ajuda do outro. Em princípio, da nossa mãe, que nos concebe, nos empresta o útero, o peito e o afeto e que nos alimenta corpo e alma.

Mas, com o passar do tempo, as mães, que, com sorte, nos proviam e acudiam, eventualmente nos faltam. Falham. Não nos atendem 100% das vezes 100% do tempo, claro. E vivenciamos, cada dia mais, um fenômeno tão dolorido quanto humano: o fenômeno dos nossos desejos insatisfeitos. Do bico do peito, que de repente não nos é mais oferecido, à atenção plena, depois a chupeta, o brinquedo que queremos e nem sempre temos... E é só o começo. A esse acúmulo de desejos insatisfeitos damos o nome de desamparo. Uma condição da qual nunca mais nos livraremos.

Aí que tá. Se nunca mais nos livraremos, que a gente aprenda a lidar com o desamparo. A lidar de forma adulta e madura. Porque o desamparo excessivo, exacerbado, carrega algo de muito infantil nele. Aquela ilusão de que alguém vai tomar conta de você, cuidar de você. Aquela fantasia da eterna criança que sempre vai precisar da proteção de poderes superiores porque sozinha não dá conta.

Aqui, o que me interessa é sempre o âmbito pessoal e intransferível do nosso mundo interior, mas eu ouso dizer que a nossa condição de desamparo nos leva muitas vezes à religião, à busca de um pai protetor que nos cuida, nos ampara, às vezes nos joga no colo de figuras políticas carismáticas paternalistas... Precisamos acreditar que algo ou alguém nos preencherá esse vazio.

Mas aí para tudo! Sabe a sensação de impotência, de que a gente precisa da intervenção fora de nós pra aliviar nosso sofrimento? Sabe de quem é a intervenção? De nós mesmos!

É isso! Eu vou te falar algo que demorei anos de terapia pra descobrir: buracos dentro de nós existem muitos e a gente não preenche. O terreno já está comprometido.

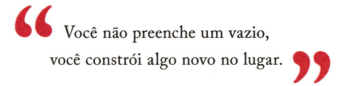

> Você não preenche um vazio, você constrói algo novo no lugar.

Então, o que eu tenho pra te dizer pode ser duro em princípio, mas você vai ver o quão libertador é: não espere que cuidem de você. Dê, você, colo a si mesma. Faça a maternagem de si. Fecha os olhos, se pega no colo, se nina, se cuida, se ampara. Quem melhor pode cuidar de você é... você! E isso é uma ótima notícia!

POUPANÇA DE *VIDA*

Eu não vou perguntar o que você tem feito da vida, não. Eu vou perguntar como você tem gastado seu tempo. *O que você tem feito* pressupõe performance, grandes realizações, feitos extraordinários. *Como você tem gastado seu tempo* não tem nada de "o que": é sobre como e com quem você escolheu viver a dádiva dos 365 dias que te são concedidos de quando em quando.

O que você fez é provavelmente do que você vai se gabar nas redes sociais. *Como você gastou seu tempo* é aquilo de que você se lembrará no leito de morte. Fora, dentro. Gozo rápido, gozo profundo. Performance, propósito.

É natural que o que você fez te garanta *likes* e engajamento. E tá tudo bem perseguir isso, sucesso merecido é algo que nos envaidece e orgulha. Mas o que tem me pegado de jeito nos últimos tempos é meu hábito de estar não estando. Acontece com você? Eu estou, mas o celular, o vinho e minha gana pela próxima conquista, o próximo *job*, o próximo contrato me roubam o presente. Me apagam do aqui e agora.

A ânsia por mais (mais do que mesmo?) e a sensação constante de falta, de insuficiência, fazem a gente estar não estando. E faz a gente gastar mal o nosso tempo. E como eu me dou conta disso com clareza — alô, terapia!

Sobretudo o álcool. Quando em doses controladas, é fonte de prazer. Quando em doses excessivas, um passaporte para o estar não estando. E para o apagar do tempo.

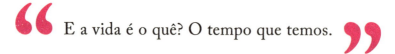

> E a vida é o quê? O tempo que temos.

Eu vou te dizer: não tem poupança de vida — não dá pra poupar hoje pra viver amanhã. Gaste bem seu crédito.

Leve isso pra sua cama hoje, pra sua oração, leve isso pro seu amanhã. Feitos grandiosos são bem-vindos, claro, mas a vida é o que acontece nos intervalos deliciosamente ordinários entre um pico extraordinário e outro.

FÉRIAS EM *FAMÍLIA* — PARTE 2

Foi um ano difícil, de muito trabalho, estresse. Janeiro é tempo de quê? De reunir a família, viajar todo mundo junto e curtir a vida adoidado em dias de muita aventura, diversão e romance. Só que não. Férias perfeitas em família só no *feed* do Instagram, porque na vida real…

O perrengue começa já no aeroporto com uma das maiores humilhações pelas quais um ser humano pode passar. Abrir a mala no balcão do *check-in* pra se livrar daquele um quilinho de excesso de bagagem pelo qual a companhia aérea quer cobrar 100 euros. É uma cena de horror pra você e comédia pra quem tá de fora: a gente paga cofrinho, sua, borra o rímel, se descabela, joga uma muda de roupa na mala de mão e se senta em cima da mala pra fechar. É como se o mundo ao redor parasse. Ali só existem você, a mala e os 100 euros que você se recusa a pagar.

Resolvido o problema, você fecha a mala, se apruma, reúne ali o restinho de dignidade e segue a vida depois de entregar muito entretenimento pro restante da fila. Só pode ser o prenúncio de uma viagem desafiadora. Desafio que começou no ato da reserva. Como viajar de maneira inteligente: gastar na executiva, economizar passagem e investir no hotel, guardar dinheiro pra comer bem, quem sabe pra fazer comprinhas... Tudo não dá pra ter. E sabe o que também não dá pra ter? A concordância plena do casal! Ainda mais quando o marido é capricorniano e o melhor jeito de economizar pra ele é nem ir viajar.

Ah, e tem sempre o que quer dormir tudo o que não dormiu o ano inteiro e perde o café da manhã. Que sacrilégio perder café da manhã de hotel. O que fica pronto em cinco minutos e fica rodeando, rodeando, irritantemente rodeando enquanto você tenta igualar o gatinho do olho direito ao do olho esquerdo. Precisa se maquiar, sim, pro jantar.

E aí tem o ponto nevrálgico de toda viagem em família: as fotos. Toda família tem uma pobre alma que deseja eternizar aqueles momentos em lindas imagens de porta-retrato. E é só ela. Ela contra o mundo. Ela implora, ela faz chantagem, ela promete bens materiais aos filhos. Tanto sacrifício pros filhos saírem emburrados em fotos tortas com os pés cortados, pois foram tiradas por passantes sem nenhum senso estético. E olha que eu nem comecei a falar dos conteúdos. Mendigar foto de look, um clássico. Ninguém encosta na comida antes do meu *story*! Tá, já fez a foto, agora faz um videozinho pro *reels*? É simples: você sai do mar, pega o horizonte, mostra ali o hotel de fundo, chega no look, de baixo pra cima, eu viro, sorrio, você aproxima, desfoca e fecha ali, na espuma das ondas. Não entendeu? Ai que má vontade, você nunca presta atenção no que eu falo...

E, nesse clima de paz e harmonia, a gente vai desenhando férias inesquecíveis ano após ano. Na hora, a gente não sabe disso, mas depois... Ah, santa memória seletiva...

CRIAR *FILHO*

Criar filho é a arte do "parece que não é amor, filho, mas é". Se você é mãe, tenho certeza de que essa é uma das suas maiores dores existenciais. Porque nosso instinto de amor nos impele a querer dar tudo mastigado, a queimar umas etapas que a gente sabe que são doloridas. Eu cuido, eu faço, eu resolvo, eu poupo, eu não deixo faltar nada pra quem eu mais amo...

A questão é que tudo, até o amor mais nobre, tem luz e sombra. A luz é a motivação, o amor incondicional e descompromissado. Qual é a sombra? Cuidando, fazendo, resolvendo e poupando, eu deixo impotente. Sem energia vital, autoestima e confiança pra lidar com seus B.O.s. Autoestima, segundo a psicologia, não é dar ao filho a certeza do amor incondicional. É dar a ele a certeza de que nós, seus primeiros e mais importantes observadores e amadores, acreditamos que ele é capaz.

Te dou a liberdade, filho, e te dou os subsídios, as ferramentas pra que você siga. Se você se sentir abandonado, você sempre pode voltar e estarei aqui. Pode ser que eu passe do limite, que você se sinta jogado demais. Pode ser, seu pai talvez concorde, nós nem sempre estamos alinhados nessas questões. Mas eu sei que você, assim como eu e como ele, tem tantas potências... Você sempre poderá voltar. Mas pra isso você precisará, um dia, ter tido culhões pra ir. Esse é o filho que eu crio. E essa é a minha maneira de dizer que eu acredito demais nas suas potências. Às vezes, eu dou (com alguma dor) um passo atrás pra que você possa, amanhã, dar muitos passos à frente com as perninhas que eu fiz e tanto amo.

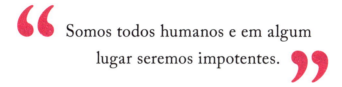

> Somos todos humanos e em algum lugar seremos impotentes.

Todos nós. Geralmente é em família, porque o trabalho costumamos controlar melhor. Mas quem amamos não é planilha, nem a gente ama por performance... A gente ama por instinto, destino, sangue. Filho a gente ama porque é visceral. Cabe à gente olhar pra isso, acolher a impotência e esperar. Um dia eles também terão seus filhos. E o resto é história...

REAL × IMAGEM

Vida real × vida idealizada das redes sociais: quanta angústia essa dualidade nos traz, apesar do consenso de que tudo que é mostrado não deixa de ser um recorte filtrado da nossa vida e, portanto, também da vida do outro e, portanto, no fim, está todo mundo mostrando um recorte filtrado da própria vida. Então por que essa constatação não basta pra nos acalmar? Será que a gente está organizando essas definições de maneira correta aqui dentro de nós?

Quantas vezes você já ouviu ou disse as seguintes frases: "Não sigo fulana porque o que ela mostra ali não é vida real!", "Aquele *feed* perfeito, que irritante! Duvido que a vida dela seja assim!", "Até parece que o relacionamento dela é assim, que os filhos são assim, que a autoestima é assim, que ela acorda assim..." e um vasto etc. Com as redes sociais dominando uma parte importante do nosso tempo, a gente precisa criar certos padrões pra organizar nossa mente caótica e insegura e viciada em comparação, então decidimos dividir as coisas entre o que chamamos de vida real e vida idealizada das redes. Sendo que a vida real é aquela nua e crua que acontece fora das telas, e a imagem é aquela versão editada, filtrada e *fake* que vendemos na nossa arroba. E vamos além: ingenuamente associamos a vida real a algo puro e positivo e a imagem a algo negativo, feito para nos manipular e nos iludir com um ideal de perfeição.

A verdade é que estamos todos órfãos de vida real. Clamamos nas redes sociais por "mais vida real!". A percepção de que a vida real se perdeu não encontra eco num mundo hiperpovoado de imagens que nos torturam. Olhamos ao redor e não nos vemos representados na nossa realidade, na nossa pequeneza, no ordinário do nosso dia a dia. Parece que todo mundo que a gente segue tem uma vida mais extraordinária que a nossa. "Não é possível que a vida de fulana seja só isso!" Mas é claro que não é. Nem a dela, nem a sua, aliás. Nada é só o que aparenta ser. Porque tudo o que chega até nós e tudo o que nós projetamos pro mundo são imagens. E imagens não são reais, são uma representação do real.

Se a gente for pensar, muito pouca coisa é Real. Real mesmo, com R maiúsculo. A morte é real, a gente pode ver que a vida se esvaiu daquele corpo que agora se encontra inerte. Mas, como nos lembra a psicanálise, nem os afetos são reais aos olhos: a gente só os percebe quando eles viram sintomas, como depressão e dores físicas.

Quando a gente começa a entender que a gente critica as imagens, mas precisa delas pra traduzir o mundo e todas as coisas, a gente deixa de vilanizá-las. E talvez isso suavize nosso sofrimento um pouco. As imagens dão sentido e emprestam magia ao real, que é quase sempre difícil de engolir e sem sentido. A gente reclama do poder ilusório das imagens, mas se deixa iludir porque isso perfuma a vida. Escapar do real é questão de sobrevivência.

Se dar conta disso é libertador em vários níveis: porque se tudo é uma representação do real, significa que tudo é um recorte do real, uma fina fatia de realidade. E não se trata apenas do *feed* do Instagram, gente. Quando você se olha no espelho, não se vê de costas. Se você olhar pra minha mão aí do seu ângulo, saiba que está deixando de ver toda a beleza da palma dela, que está de costas pra você. Mas, veja que curioso, nem eu consigo ver a totalidade da minha mão. Percebem? Quando as pessoas se mostram assim ou assado nas redes, aquela imagem é uma representação. A pessoa não é a tal imagem.

E trago verdades indigestas: todo mundo tenta manipular a forma como é visto. Todo mundo. Como disse o psicanalista Lucas Liedke em um de seus posts, eu posso me identificar mais ou menos com uma certa imagem de mim, que pode combinar mais ou menos com quem eu acredito que sou, com quem eu desejo ser, com quem eu acho que deveria ser. Mas é fato: a gente está sempre atento a que faceta nossa exibiremos ao mundo. Isso não faz de nós falsos manipuladores, isso faz de nós humanos.

E isso vem desde beeeeem antes das redes sociais. A mídia social apenas escalonou esse nosso desejo de apresentar ao mundo o que acreditamos ser nossa melhor versão. Quando eu estive no Egito, lugar que tinha loucura pra conhecer, perguntei ao guia por que as estátuas todas, de homens e mulheres, faraós, rainhas, deuses etc., nascidos com 2 mil anos de diferença, tinham exatamente as mesmas feições. Por que você acha? Porque, na hora de eternizar suas imagens, eles pediam aos escultores e pintores que os retratassem não como eram, mas como gostariam que fossem. É o *photoshop* da Idade Antiga.

Então resumindo: dividir as coisas entre vida real e vida de imagem das redes é perigoso porque 1) tudo é imagem, afinal; 2) imagens são representações do real e, como tais, facetas, recortes editados; 3) todo mundo, inclusive eu e você, manipula a própria imagem, a forma como queremos ser vistos; 4) você só sabe como é ser você. Você sabe que a sua vida fora das redes, de vez em quando, pode ser feia, sombria, o que se convencionou chamar de vida real. Você sente inveja, raiva, briga com pessoas, se arrepende, se sente covarde às vezes, injustiçado, não tem vontade de sair da cama. E vamos combinar que nem sempre você se sente à vontade pra dividir isso nas redes — muitas vezes não somos completamente honestos nem com nossos terapeutas. E isso nos leva à conclusão: 5) não compare seu *backstage* com o palco do outro. Essa sua "vida real" com a "vida de imagem" do outro. Pode ter certeza de que o fato de a feiura não estar ali no *feed* não faz dela inexistente.

E lembre-se sempre: tem alguém do outro lado da tela babando ovo pra você, eu aposto.

ADIAR O *PRAZER*

O tema é adiar o prazer. Mônica, vai falar sobre sexo tântrico? Não... bom, pelo menos não aqui. A ideia é falar sobre uma briga eterna que é travada diariamente dentro da gente: me entrego a algo que me satisfaça agora ou troco esse prazer instantâneo por algo que vai me beneficiar no longo prazo? Prazer imediato × prazer adiado: qual deles leva a melhor?

Eu vou falar por mim. Adiei um grande prazer — que é tomar vinho — em nome de outro prazer, que é me ver mais saudável, mais ágil e, sim, mais magra também, porque não vou ser hipócrita aqui de ficar batendo só na tecla saúde. Eu gosto do meu corpo mais magro e atlético também por motivos estéticos, oras. Que prazer abrir um vinho à noite e tomar uma, duas, três taças... É uma festa pros cinco sentidos, uma autoindulgência de respeito, a recompensa é imediata. Você fica relaxada, parece que cada célula do corpo dança.

Agora... adiar esse prazer em nome de um desejo maior, mais sólido, mais duradouro e seguro é uma alegria só lá na frente, quando ele já está realizado. O momento da renúncia é duro, um choque de realidade, a destruição daquele capricho infantil de querer tudo agora, do meu jeito. Porque, pensa, estamos dizendo "não" pra algo gostoso, que entorpece, seduz e faz sorrir bestamente. Aquele sorriso débil que dura o tempo de um gole. E daqui a pouco você vai precisar de doses maiores daquilo que te dá prazer. Elementar: a sensação se desfaz rápido, ela é frágil. Mas as consequências dela, não. Essas duram. Prazer imediato custa caro, meus queridos.

Eu muitas vezes tive a fantasia de que dizer "sim" pro desejo imediato significava liberdade. Eu sou livre, faço minhas escolhas, como e bebo o que quiser, direito meu. Mas aprendi nesses últimos tempos, com a maturidade, que me abandonar não tem nada a ver com liberdade. Ser livre, pra mim, é escolher adiar meu prazer pra que ele me faça bem. É sobre controlar o meu prazer, em vez de ser controlada por ele. Beber o meu prazer, e não ser bebida por ele.

Vale para bebida, comida, sexo, exercício físico, estudo, trabalho. Para tudo que nos custa abdicar agora pra gozar depois. Você pode escolher abrir um vinho e maratonar uma série em vez de sair pra correr ou ir à academia. Mas, se fizer isso sempre, você vai ter problema. Você pode escolher ficar de pernas pro ar pra descansar a mente ou mergulhar num projeto importante, trabalhoso pra caramba. Você sempre pode escolher segurar seu orgasmo pra que ele seja mais intenso no final.

Adiar o prazer é um tapa na cara do imediatismo que nos afoga hoje. Adiar o prazer é sem dúvida um tapa na minha cara, sempre urgente nas minhas necessidades, um tanto compulsiva, adepta do mais é mais. Pra que eu preciso escolher entre uma coisa ou outra se posso ter todas? Aí é que está: não posso. Tudo são escolhas e suas consequências. E a realidade atravessa a fantasia de forma implacável, quer a gente queira, quer não.

Adiar o prazer é um belíssimo paradigma de sublimação. É converter instintos por vezes pouco positivos em benefícios construtivos. Eu digo pra você que ando valorizando cada dia mais o prazer do dever cumprido, da superação, da paz de espírito de uma consciência tranquila. Adiar o prazer só potencializa o prazer. Pensa nisso.

O QUE EXISTE POR TRÁS DE *RELACIONAMENTOS* BEM-SUCEDIDOS

1. Conversas desafiadoras. Pessoas que se relacionam de forma consciente não têm medo de conversar sobre seus desafios e vulnerabilidades nem de mostrar suas sombras. Conversas difíceis, aquelas que dão embrulho no estômago só de pensar, são em geral as mais necessárias e inadiáveis.
2. Renúncias. Existe muita beleza na renúncia quando se aprende verdadeiramente essa virtude e se entende que renunciar a algo não é perder algo; é, isso sim, ganhar um outro algo, mais valioso e importante e irrenunciável. Relacionamentos bem-sucedidos fazem renúncias inteligentes em nome de bens maiores.
3. Perdão. É impossível estar num relacionamento duradouro sem magoar e ser magoado.
4. Escuta sem julgamento. Em vez de querer discutir, reagir, escute o que o outro tem pra dizer. Escute de

verdade. Não apenas pra elaborar uma resposta e ganhar uma discussão, mas com ouvidos amorosos e empáticos.

5. Não romantização da vida a dois. Somos pessoas complexas em nossos processos, todos carregamos pesadas bagagens, temos fases. Passado o período do encantamento cego da paixão, o que fica é a escolha diária de querer seguir junto.

6. Cumplicidade. Nos conflitos não se tratam como inimigos e são capazes de enxergar a luz no outro mesmo no meio da dor e do caos.

SEQUESTRO PELO *PÚBLICO*

Tenho pensado muito em posicionamento de influenciadores no Instagram. Fala-se tanto que pessoas são marcas que tem uma galera levando isso a sério demais. Encarando seguidor como cliente e entregando só conteúdo ao gosto do freguês, sabe como? Postou, fez sucesso, audiência engajou, então todo conteúdo será moldado sob medida naquele formato/estilo porque, né?, em time que está ganhando…

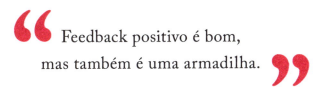

> Feedback positivo é bom, mas também é uma armadilha.

Porque fica muito, muito fácil se perder de si mesma para se aproximar do que engaja. Acreditar demais no personagem — e como eu vejo isso acontecer, nossa! — leva a uma substituição progressiva da identidade de uma pessoa por outra feita sob medida para agradar o público. Para se encaixar no que se espera de você.

Isso tem nome, inclusive: chama-se "sequestro pelo público", um termo usado pelo escritor e músico Luri (seu perfil no Instagram é @cantaluri) para batizar os *influencers* que viram reféns das suas audiências. Em algum nível, todos nós somos, claro. Seres humanos têm uma necessidade visceral de agradar, querem ser apreciados, reconhecidos — e as redes sociais escalonaram essa necessidade a patamares inimagináveis.

O problema é quando há descompasso entre o que somos de verdade e o que faz sucesso. É bem provável que em algum momento da vida esse desequilíbrio aconteça, porque a gente muda. Mas aí a pessoa segue no personagem, em nome de uma coerência da marca pessoal e dos milhares de seguidores que ela nem conhece e que despejam um monte de expectativas sobre ela.

Que exaustiva essa necessidade crônica de ter que corresponder sempre, o tempo todo. Isso gera uma legião de *influencers* obcecados pela forma como aparecem, se esquecendo de quem são ou poderiam ser. Como se tivessem sido sequestrados de si mesmos. Alguns forçam a barra real nos papéis de princesa perfeita, militante lacradora de todas as causas, mãezona perfeita... enfim, um risco pra todos nós, que não somos nenhum alecrim dourado.

O antídoto, acredito eu, é ter um forte senso de quem somos e de quem queremos ser. E entendermos o quanto nossa persona on-line nos aproxima ou nos afasta dessa essência.

MANUAL *ANTICAFONA* — PARTE 3

E nosso manual segue ganhando itens.

- Não levarás fotógrafo profissional na viagem de férias em família apenas com o intuito de produzir conteúdo para o seu *feed*. Em vez disso, capacitarás marido e filhos para a nobre função, alimentando assim o senso de união familiar. (Hmm, pensando bem, se tens dinheiro, leve o fotógrafo, só tô com invejinha mesmo.)
- Não adornarás a entrada de sua casa com esculturas decorativas de leões, pois já faz mais de um século que isso se tornou duvidoso. E não, não importa se os leões são de mármore, bronze ou ferro fundido. A qualidade do material, nesse caso, não é um atenuante.
- Não te referirás a ti mesmo na terceira pessoa, conferindo-te uma autoimportância desproporcional à

relevância real de sua figura. Se fores o Pelé se comunicando de onde estiveres, favor desconsiderar este tópico.

- Não dirás "gratidão" no lugar de "obrigada". No exemplo a seguir: "Môni, está excepcional este manual anticafona", não responderás "gratidão" em vez de "obrigada". Aliás, obrigada!
- Não misturarás inglês e português, sobretudo na língua falada, e não agravarás a situação empregando o sotaque gringo na pronúncia da tal palavra, como no exemplo "Não sei, deixa perguntar pro meu marido... *honey* (ler com sotaque afetado!)". Argh!
- Não farás foto com bico a não ser que sejas Alessandra Ambrósio, que pode fazer isso de maneira graciosa, sensual e totalmente anticafona.
- Não tirarás foto no jatinho com a desculpa de anunciar que partirás para merecidas férias em família depois de meses de muito trabalho, sendo que no caso o intuito é apenas ostentar mesmo.
- Da mesma forma, não postarás a clássica foto dos pezinhos grifados com a tacinha de champanhe repousando sobre o passaporte europeu para te gabares, no fundo, de estar viajando de executiva. Mas, se viajares de primeira classe de Emirates, postes, sim, pois somos *voyeurs* e queremos ver aquela cabine que vira cama e aquele famoso bar no andar de cima.

PRIMEIRA *RESPOSTA* DE WHATSAPP

Existem diferenças enormes entre a resposta que gostaríamos de dar no WhatsApp e a que realmente enviamos.

Primeira resposta de WhatsApp que você digita: Tá de brincadeira, né? Cadê meu nariz de palhaça?
Resposta de fato enviada: Peço desculpas pela confusão, talvez eu não tenha entendido bem o seu ponto. Podemos marcar uma *call*? Sem pressa, no seu tempo…

Primeira resposta de WhatsApp que você digita: Por que &%$@ a informação não tava no *briefing* se é "fundamental que ela conste na publi"???
Resposta de fato enviada: Ok, farei as mudanças solicitadas, porém das próximas vezes (haverá próximas, né? rs!) seria superlegal que o *briefing* trouxesse as infos obrigatórias. Pode ser? Desde já agradeço, bom finde!

Primeira resposta de WhatsApp que você digita: Vai ignorar repetidamente a mensagem, jura?! Aula de profissionalismo, sqn! Lembre-se, fulana(o), que a vida é uma grande roda-gigante, um dia você tá em cima... (continua... kkk)

Resposta enviada: Querida(o), insisto mais uma vez porque acredito na proposta. Mas não quero te deixar desconfortável. Se puder parar um segundinho e me dizer se faz sentido... Obrigada pela atenção de sempre. Ah, você tá linda na foto de perfil!

Primeira resposta de WhatsApp que você digita: Pessoa sem noção! Áudio de três minutos sem se apresentar por texto e sem eu ter seu contato... Não vou nem ouvir, óbvio!

Resposta enviada: Olá! Não tenho seu número! É uma consulta profissional?

Primeira resposta de WhatsApp que você digita (a qualquer áudio de mais de três minutos): Não consigo ouvir agora, pessoa sem capacidade de síntese! Aff!

Resposta enviada: Amore! Entrando em reunião. Consegue mandar por escrito?

Primeira resposta de WhatsApp que você digita: Ah, que interessante! Todos os filhos alecrins dourados sofrem *bullying*, todas as famílias não toleram, têm diálogo, exemplo em casa e blá-blá-blá... ENTÃO QUEM ESTÁ PRATICANDO O *BULLYING*?

Resposta enviada: Queridas, dada a reincidência da reclamação, vale pensarmos: o que é nosso, o que é da escola e o que é da idade? Proponho uma reflexão com boa dose de autoanálise...

Primeira resposta de WhatsApp que você digita: Ok, então, se eu não faço nada certo nunca, não vejo alternativa a não ser falarmos sobre divórcio... Que tal?

Resposta enviada: Marquei nossa primeira terapia de casal, anota aí na agenda. P.S.: você paga a sessão!

AMAR O QUE *NÃO GOSTA*

A coisa mais difícil da vida é amar o que a gente não gosta em quem a gente mais gosta. Porque, assim, mesmo quando se trata das pessoas que a gente mais ama na vida, a gente não ama TUDO nessas pessoas. Ah, mas não ama mesmo. Até — e eu diria inclusive — as pessoas que a gente mais ama nos fazem sentir raiva, têm um lado feio, repetitivo, chato. E às vezes elas cometem o erro mais grave de todos, o pecado capital: elas não correspondem à idealização que a gente fez delas. É, quando o real do outro não é nosso ideal, pode ser bem irritante. Mas isso são outros quinhentos.

A verdade é que a gente ama, mas ama com condições… Será que tudo bem amar quem a gente mais ama com condições? Não fomos ensinados que o amor verdadeiro é abnegado e incondicional? É ok adicionar um "apesar de" depois do "eu te amo"?

Quando calar, quando falar? Quando confrontar? Respirar fundo e se afastar? Revirar os olhinhos, suspirar e relevar? Tentar mudar, explicar? Se desgastar? Ou apenas aceitar? Como, afinal, lidar com o que a gente não ama em quem a gente mais ama?

Alerta de polêmica: eu tô falando inclusive de filho, tá? Peraí: pai, mãe e marido, vá lá. Mas... filho? Filho é outra prateleira. E o tal amor incondicional mágico da maternidade, cantado em verso e prosa há séculos? Bem, digamos que todo amor é construção, inclusive esse. E ele pode se construir imenso, cheio de potência. No entanto, 100% puro, desinteressado, não condicionado a nada — nem reciprocidade? À prova de idealizações e irritações? Duvido.

O que é importante a gente entender: nascemos bicho, puro instinto. Então vamos nos humanizando. A partir disso, surge toda sorte de afetos desagradáveis intrinsecamente humanos. E tudo bem senti-los e detectá-los no outro. A gente quer atenção, reconhecimento, acolhimento, apoio, aplauso, nossos desejos satisfeitos. E ficamos putos, frustrados quando o outro não nos atende. A gente quer celebrar o diferente, mas gosta mesmo é quando o outro pensa igual a nós. Num relacionamento, queremos segurança e estabilidade, mas também desejamos aventura e surpresa. E o outro que lute pra adivinhar quando queremos o quê. Com os filhos, juramos que vamos apoiar qualquer escolha que os faça felizes, mas seria tão bom se a escolha fosse a nossa. Na teoria, achamos lindo que "ah, ele é tão diferente de mim, tem uma personalidade particular", mas no fundo nosso lado narcisístico amaria que ele fosse exatamente nosso espelho.

Meu filho é bem diferente de mim. Ele é corpo, energia, força. Eu sempre fui mais cérebro e sentimento. Ele não curte muito estudar, eu sempre fui CDF. Ele é sagitariano, acha que sabe tudo. Eu sou libriana, duvido de todas as minhas certezas. E eu tenho certeza, embora também duvide disso, de que ele prefere o pai a mim — e, sim, isso me irrita. Meu marido é a pessoa mais correta, honesta e trabalhadora que se pode imaginar. Porém... ô, bichinho rabugento. É o cara do copo meio vazio, meu ranzinza favorito. Eu voo; ele aterrissa. Eu brinco; ele bronca. Eu festa; ele sofá. Eu terapia; ele silêncio. Eu exposição; ele resguardo. Eu gasto; ele poupa. Eu sonho; ele vida real.

Colocando assim até parece poesia, mas no dia a dia não é. Opostos complementares têm pontos positivos, mas como é difícil a gente amar o que a gente não gosta! Ou o que a gente não é.

Ainda bem que a corda da tolerância pode ser beeem elástica, não? Porque nada é mais humano do que amar "apesar de". Às vezes, o apesar quase fica do mesmo tamanho do amar. E então ele retrocede. E é nesse eterno exercício de compensação que reside a mágica: a mágica de amar o que não gostamos em quem mais gostamos.

A *EXTIMIDADE*

Desde quando intimidade virou extimidade? Desde quando exteriorizar nossa intimidade nas redes sociais virou uma espécie de vício coletivo? Eu sou, eu sinto, eu penso, eu me constituo e me posiciono no mundo à medida que eu exponho e espetacularizo meu eu mais íntimo. É muito louca a sensação — eu tenho e imagino que você também — de que, se não houver eco, se não houver uma legitimação social do que se passa dentro de nós, se não houver confissão, respostas do outro lado, é quase como se isso não existisse. É uma lógica um pouco perversa que o mundo atual formatou em nós: se não fez disso um conteúdo, se não postou, se ninguém viu... não aconteceu.

Sim, estamos todos, embora uns mais, outros menos, sendo moldados pela cultura do espetáculo. E o cerne do espetáculo é fazer ver. É quase impossível se constituir como sujeito no mundo moderno sem se render a essa engrenagem que escala, a níveis nunca antes vistos, uma necessidade humana básica: a de ser validado pelo outro. Afinal, o sucesso em qualquer área passa pelo reconhecimento do outro.

Pra quem trabalha com redes sociais, há um outro componente perigoso. A busca por autenticidade, aquele quê único, pessoal e intransferível que os gurus de marketing digital dizem ser "o" caminho pra uma marca pessoal de sucesso. Errados eles não estão, claro. O mundo clama por autenticidade depois de tantos conteúdos pasteurizados e ostentatórios. Mas qual é o limite, hein? Até onde deveríamos ir pra tornar público nosso privado? Pra mim, um dos maiores dilemas atuais. Brené Brown também martelou muito em nossa cabeça o poder das vulnerabilidades. Coloque isso tudo num caldeirão, tempere com uma pitada de carência e ausência de limites, e você terá… eu! Mas também pode ser você. E um monte de gente que você conhece. Eu já me excedi "n" vezes no afã de desabafar para tentar me curar e, sim, trabalhar minha marca pessoal, porque as redes sociais são um ganha-pão importante.

Como disse a genial Issaaf Karhawi no seu livro *De blogueira a influenciadora*, vivemos uma cultura confessional e terapêutica que nos ensina que a expressão máxima da nossa intimidade é a única forma de encontro com nosso eu autêntico. Não basta construir uma intimidade se você não a expuser com sucesso. E conquistar assim o cobiçado troféu de ser visto, ouvido e acolhido. Desejo sabedoria pra que nós consigamos erguer esse troféu com a cabeça erguida de não machucar ninguém no processo — a começar por nós mesmos.

SAIR POR *CIMA*

A gente precisa parar de querer sair por cima das situações. Tá aí um conteúdo terapêutico e sábio que li no perfil do Instagram da Mariah de Moraes (@mariahdemoraes) — aliás, sigam a Mariah! A maneira de ela ver o mundo acalma qualquer coração.

Nossa obsessão em sair por cima das situações esbarra em duas verdades implacáveis. Primeiro: ninguém está acima de alguém (nem ninguém está abaixo). Segundo: ninguém é polido e elegante o tempo todo (inclusive, como bem nos lembra a Mariah, quem é assim acaba adoecendo cedo ou tarde, transbordando o excesso de polidez calculada em forma de sintoma).

Nossa obsessão em sair por cima, sobretudo na fogueira das vaidades das redes sociais, pode resultar em duas coisas opostas e perigosas: ou a gente se cala em nome de uma polidez artificial, com medo de desagradar e ficar por baixo; ou a gente se exalta demais, estimulado por uma força competitiva desmedida de ganhar a discussão e supostamente sair por cima.

> Medo de sair por baixo e pressa de sair por cima nos afastam igualmente da nossa essência e das nossas virtudes.

Abre aspas pra Mariah: "Ser quem somos é — ou deveria ser — saudável e seguro. A vida é pra ser vivida, não jogada. Se retire do jogo com respeito pra entrar na vida com humildade". E eu acrescento: com humildade, mas cabeça erguida e coragem de assumir a dor e a delícia de ser quem você é.

FLORESCER

Se você tivesse que escolher entre realizar seu desejo imediato, prazer de curto prazo com altas doses de satisfação e alguma transgressão sem pensar tanto nas consequências futuras OU adiar o prazer desistindo da satisfação imediata em nome de um projeto de longo prazo cujos frutos você vai colher lá na frente, o que você escolheria? Qual estilo de decisão faria você florescer e sua energia brilhar mais?

Refiro-me aqui tanto a coisas banais quanto profundas. Desde comer uma segunda fatia de bolo por gula, abrir uma segunda garrafa de vinho mesmo sabendo que a ressaca será certa, até gastar um dinheiro que não tem numa viagem de férias ou numa compra exorbitante em vez de poupar, mas também largar tudo por um amor ou desistir de uma carreira estável pra seguir um sonho.

Agora eu vou refazer a pergunta, atenção: daqui a alguns anos, quando você estiver revendo seus atos do passado, fazendo um balanço da vida e tentando decidir se a corrida valeu a pena, o que mais doeria em você? Do que mais se arrependeria? De ter sido impulsiva sem pensar no amanhã ou de ter sido extracuidadosa, mas sem emoção?

Não, não responda agora! (Leia com a voz daquele comercial antigo de televendas, risos!) Porque eu não trago "ibagens" nem meias Vivarina ou facas Ginsu, mas trago dados de pesquisa séria que aponta uma coisa muito interessante. A curto prazo, nós tendemos a nos orgulhar por termos sido sábios e maduros e termos pensado no futuro. Porém, contudo, todavia... a longo prazo, lamentamos amargamente as oportunidades perdidas. E essa é a dor que permanece, que marca o nosso balanço da vida.

Eu li sobre essa pesquisa, que não é nova e foi conduzida por dois professores renomados, Ran Kivetz e Anat Keinan, num artigo do brilhante psicanalista Contardo Calligaris. A dupla de pesquisadores confirmou uma proposição antiga do psicanalista francês Jacques Lacan: justamente a de que podemos nos arrepender de nossas transgressões, porque agir por impulso e desejo passa muitas vezes por quebrar regras, mas o que prevalece é o arrependimento por ter perdido uma oportunidade que estava ali, ao nosso alcance imediato.

Veja que interessante: nessa pesquisa, constatou-se que 1) num primeiro momento, todos condenamos as decisões que só enxergam o prazer imediato sem levar em conta as consequências futuras. Mas 2) essa condenação é efêmera: a longo prazo (depois de um ano, por exemplo), considerando a decisão que nos pareceu sábia (não comer, não gastar, não pecar), o que fica é a frustração por não ter tentado e a sensação de desperdício de oportunidade.

Eles usam inclusive uma metáfora óptica maravilhosa. Dizem que nossos impulsos são míopes (não enxergam de longe, veem apenas a satisfação momentânea) e nossa moral é hipermetrope (enxerga bem de longe, a longo prazo). O problema é que essa hipermetropia pode nos tornar covardes. Mais que isso. A gente bem pode maquiar essa covardia rebatizando-a de cautela. Calligaris disse que, frequentemente, o hipermetrope deixa de agir por receio das consequências. Fica com a alma sedentária, com a pulsação em níveis moribundos, vira um desistente.

E desistentes não florescem. Quando eu for fazer meu balanço de vida e me perguntarem se a corrida foi com ou sem emoção, eu quero encher a boca pra dizer: COM EMOÇÃO!

MOEDA: *TEMPO DE VIDA*

Faz um tempo que eu deixei de calcular as coisas por valor em dinheiro. Minha moeda oficial hoje se chama "tempo de vida". "Quanto tempo de vida isso vai me custar?" é o que eu me pergunto antes de fazer minhas escolhas. Vai valer meu investimento de alma, vai valer cada minuto do tempo de vida que eu vou gastar nessa situação?

É algo elementar pra se considerar nos tempos raivosos que vivemos hoje, de opiniões binárias e clima de inquisição virtual. Comprar brigas, mesmo justas, nas redes sociais, discutir veementemente com quem nunca vimos, emitir opiniões polêmicas (legítimas, corajosas, porém controversas porque na contramão do que se convencionou ser de bom-tom), é tudo muito nobre na teoria, quase heroico, mas... na boa, quanto tempo de vida isso nos custa? Quanto do seu momento de lazer em família isso vai tirar, quanto da sua paz isso vai roubar, quanto da sua luz isso vai apagar? Quanto, afinal, do seu tempo de vida isso vai custar? Vai valer o investimento?

E, veja, há situações em que vai valer. Temos o dever de nos colocar quando nossa indignação for maior que nosso juízo. Transbordar para não explodir também é autocuidado. Mas vai nos custar tempo de vida. Então, que a gente saiba comprar os barulhos que valem a pena. É o que os antigos incas e, se não me engano, os etruscos (contém ironia) chamavam de "prefiro ser feliz a ter razão".

Mas, ó, atenção: não existe poupança de tempo de vida. Não dá pra gastar muito aqui e depois compensar poupando ali. Não dá pra escolher não viver hoje pra deixar pra viver só amanhã. Tempo de vida é só aqui-agora. É moeda do tempo presente. Gaste bem seu crédito, é o que sempre digo. A satisfação é garantida ou seu dinheiro de volta — mas em espécie, não em moeda-tempo-de-vida.

CRIANÇAS
30+

A infantilização atual do ser humano é um dos maiores ridículos contemporâneos. Há uma preocupante legião de crianças 30+ por aí. Pessoas que fogem quando precisam enfrentar e silenciam quando deveriam falar. Quando precisam se explicar, quando devem desculpas, quando é necessário que se responsabilizem... Elas preferem colocar uma pedra no assunto lançando mão do equivalente adulto da birra e do colo da mamãe: a fuga. Ou a desculpinha displicente encerrando o assunto de um modo infantil quando sabem que o tema demanda um cuidado maior. Um cuidado maior com o outro. Respeito, comprometimento, bons modos, gentileza. Eu quero que você, que está me ouvindo, me diga: quantos adultos infantilizados você conhece? Com quantos tem que lidar?

Ouvi da minha terapeuta em uma de nossas sessões que são pessoas sem etiqueta. Sem etiqueta, eu perguntei? E ela: sim, sem etiqueta, considerando que etiqueta é uma ética pequena. São pessoas desprovidas dessas pequenas éticas do dia a dia. É no dia a dia que firmamos pequenos contratos com as pessoas. Não contratos formais, assinados. Mas pequenos contratos sociais, de interesses mútuos e, supõe-se, respeito mútuo também. Mas não existe respeito mútuo onde um acha que é o dono da bola, sabe como? Nas interações pessoais, familiares e profissionais, tem sempre aquela pessoa que se acha a dona da bola. Ela é a tal, e o jogo só acontece se for como ela quer. Se não for, ela pega a bola e sai de cena. Aí não tem jogo. Crianças 30+ não enxergam o outro porque estão sempre ensimesmadas demais, paralisadas na fantasia infantil de que o mundo gira em torno de seus umbigos.

Essa metáfora, a das donas da bola, tem me desassossegado com relação ao ser humano, te confesso, porque tenho visto esse comportamento em todas as gerações. No fundo, quero acreditar que essas pessoas sabem que seu comportamento merecia um cantinho do pensamento. Mas a vida ainda não as colocou de castigo. Vai colocar, é questão de tempo, e isso não sou eu desejando mal a ninguém. Isso sou eu, aos 43 anos e já com alguma quilometragem rodada, dizendo: cresçam, se responsabilizem, raramente é sobre o que dizer ou responder, e sim sobre como dizer ou responder. Trate os outros com o comprometimento e respeito com que você deseja ser tratado. Simples assim!

O *CARISMA* QUE SE APRENDE

Carisma é uma coisa que ou você tem, ou não tem. Não se aprende nem se ensina.

Será? Eu acho que não. Tem uns bons macetes que capto nas pessoas mais carismáticas e interessantes que conheço. E acho que eles bem aplicadinhos podem fazer de todos nós pessoas mais magnéticas, fascinantes, graciosas, cativantes, charmosas, gostosas de se ter por perto e, por todas essas razões, também mais confiantes e confortáveis na nossa própria pele. Afinal — a quem queremos enganar? —, todos nós apreciamos aplausos. É humano, é normal desde sempre, e é tão deliciosamente revigorante.

Penso que o carisma raiz tem a ver com um combo básico que envolve educação, boas maneiras, sagacidade, graça, poder de sedução, *timing*, repertório… em resumo, um dom especial de soar interessante e agradável ao mesmo tempo que deixa todos ao redor muitíssimo à vontade.

Isso posto, sem mais delongas, as pessoas mais carismáticas que eu conheço — ou gostaria de conhecer — têm várias coisas em comum, a saber:

São emocionalmente expressivas: não tem carismático *blasé*. Elas falam sorrindo e sorriem com os olhos. Sorrir enquanto falamos muda nosso tom de voz, suaviza a expressão e a intenção, quebra o gelo no ato. Sorrir com os olhos enquanto você mantém o *eye contact* (olho no olho) mostra, inclusive, disponibilidade amorosa. Ou seja: você se conecta com a pessoa de maneira afetuosa.

Dominam o espaço físico: carismáticos gesticulam bastante — e, veja que interessante, normalmente são gestos grandiosos. Eles são espaçosos, abrem bem os braços, sorriem grande, gargalham com o corpo todo. Em apresentações, reuniões, palestras e programas de TV, por exemplo, eles circulam pelo palco ou sala para ocupar todos os espaços. Atrair a atenção de um jeito relaxado e amigável faz você crescer aos olhos de quem te vê.

Pessoas carismáticas tocam o interlocutor: *Oh, yeah!* Elas tocam os joelhos e os ombros das outras enquanto falam, como se dissessem "oi, tamo junto, somos um time, derrubei a barreira imaginária entre nós pra conversa fluir melhor". Várias pesquisas confirmam que tocar reduz o estresse real, porque diminui os níveis de cortisol no corpo. Mas não insista se o outro se mostrar desconfortável, claro. A intimidade deve ser sutil e acolhedora, sem esforço. Charme tem tudo a ver com estar confortável psicologicamente.

Elogiam e elevam quem está por perto: eles fazem como ninguém as pessoas se sentirem especiais em sua companhia.

É um grande talento dos carismáticos. Elogios fazem parte do repertório deles, mas tem que ser um elogio genuíno e na hora certa. Elogiar demais constrange, e daí pro puxa-saquismo é um pulo. O carismático sempre adiciona um contexto esperto a seu elogio — não é apenas um "ai, que linda!" ou "amei sua bolsa". Fica muito mais efetivo quando é um elogio que a pessoa não ouve sempre e sobre algo que a deixe orgulhosa — pode ser um trabalho, um projeto, os filhos e até sua aparência…

Quase sempre têm um humor autodepreciativo: eu amo este tópico. Eles falam coisas potencialmente embaraçosas como se não fossem nada — o popular "saber rir de si mesmo". Isso mostra que a pessoa está confortável na própria pele e não tem medo do julgamento alheio. Dessa forma, o carismático também domina a narrativa e atrai pra si a atenção da maneira que lhe convém. Carismáticos se expõem com graça e isso não os assusta. Como resultado, todo mundo ao redor fica à vontade pra fazer o mesmo.

Não se mostram perfeitas: hummm, curioso. Porque normalmente, quando queremos impressionar, buscamos nos mostrar superconfiantes e perfeitões. Mas, quando você se vulnerabiliza socialmente, mostra que uma coisa que incomodaria muita gente não tem poder sobre você. A conversa flui porque você não precisa se esforçar pra fingir ser quem não é.

Se expõem: sim, carismáticos mostram emoções. Todo mundo sente mil coisas, mas a gente tende a achar que escondê-las é manter tudo num nível racional e, portanto, mais controlado. Quando damos vazão às emoções, as pessoas se conectam e passam a te respeitar ainda mais, porque você teve uma coragem que elas não tiveram. Acho bacana a gente se treinar para entender que não existe uma emoção que precisamos esconder ou fingir não ter quando é bem isso que nos torna humanos.

Sabem contar uma boa história: repare: todo carismático é um bom contador de histórias. Eles valorizam a história, tornando interessantes até as mais banais. É legal ver que eles focam um gancho que atiça a curiosidade do ouvinte e vira e mexe usam artifícios pra "chamá-lo" pra narrativa: é comum ouvir deles frases do tipo "eu nunca contei isso antes", "isso é embaraçoso, mas lá vai" e "ai, vou me arrepender de contar isso", ditos num tom íntimo e meio conspiratório. Superfunciona.

Eles são bons ouvintes (tópico muito importante!): são pessoas que escutam com atenção plena, e não apenas pra engatilhar uma resposta ou fazer um monólogo. Aliás, tem gente mais chata do que a pessoa que quer fazer a conversa ser sempre sobre ela? Carismáticos fazem você se sentir especial e digno da atenção deles!

Mantêm olho no olho: *eye contact* é coisa séria pra eles. Carismáticos olham nos seus olhos enquanto você fala e enquanto respondem. Zero problema olhar pra baixo de vez em quando, acessando memórias emocionais, quando for genuíno. Mas é fundamental olhar nos olhos na hora do ponto mais importante do papo.

Se divertem no processo: nunca é sobre "você tem o poder e eu tô aqui pra te agradar e te conquistar porque quero te convencer, vender pra você e te impressionar etc. e tals"! A pessoa está ali porque quer estar ali, conversando com você naquele lugar, naquele momento. Eu abro um parêntese: já ouviu falar na regra dos 85%? Se você pedir pra um atleta correr 85% do seu potencial, pode ter certeza de que ele vai dar até mais do que 100% — vai dar mais, inclusive, do que daria se você chegasse logo pedindo 100%. Tem a ver com estar mais relaxado e curtir a situação, entende?

Regra de ouro: em vez de se perguntar o que você poderia dizer pra ser mais agradável e interessante, se pergunte como você deveria agir pra que tanto você quanto a outra pessoa fiquem mais confortáveis ou se divirtam mais!

POSITIVIDADE TÓXICA: ARGH!

Qual frase de positividade tóxica você não aguenta mais ouvir?

a) "Se não deu certo, é porque não tinha que ser."

b) "Entrego, confio, aceito e agradeço."

c) "Você pode tudo, basta acreditar."

d) "Trabalhe com o que ama e nunca mais precisará trabalhar."

e) Todas as anteriores?

Olha só: pensar positivo é bacana. Pensamentos despertam estados de espírito na gente. São emoções e sensações que de fato mexem com a nossa energia. Mas a obrigação de estar bem o tempo todo é opressora, emburrecedora e infantilizadora. E é a essa obrigação de estar sempre bem, de calar as emoções negativas como se isso fosse o passaporte da felicidade, que a gente chama de positividade tóxica.

Dá uma passada rápida pelo seu *feed* que você certamente vai se deparar com uma dessas *happy dumbs* do Instagram. *Happy dumb* é uma expressão em inglês que significa idiota feliz e que cabe bem aqui. *Happy dumb* é aquela pessoa que é "*good vibes only*". Ela tá no direito dela, mas irrita. Aliás, me lembrei aqui de uma frase do filósofo Mario Sergio Cortella; ele diz que quem está feliz o tempo todo não é feliz, é idiota.

> Silenciar nossas dores é uma baita sacanagem com a gente mesma. Querer silenciar a dor do outro com frase mágica é outra baita sacanagem.

Não trazer luz, elaborar e acolher os sentimentos negativos podem trazer muitas cicatrizes psíquicas que você depois maquia com base e corretivo.

Além disso, acreditar que "tudo pode ser, só basta acreditar" (quem foi criança nos anos 80 se lembra bem da música da Xuxa) é uma fonte constante de frustração. A gente tem a fantasia de que está tudo nas nossas mãos, e não é bem assim. Existe o aleatório, o incontrolável, o imprevisível.

Primeiro porque o conceito de felicidade, isso desde os gregos, é um processo social, coletivo, e não apenas individual. Segundo porque operamos por diferenças. Nosso cérebro é uma máquina de detectar diferenças. Se a gente não vivesse episódios tristes, não saberia reconhecer os felizes. Se não sentíssemos dor, mágoa, raiva, inveja, nem seríamos humanos, pra começo de conversa. Todos os sentimentos são válidos. Muitos a gente certamente não quer sentir, mas sente.

Cuidado, portanto, ao vomitar positividade tóxica pros seus amigos. Cuidado ao deslegitimar a dor deles. Abraço, acolhimento e escuta amorosa serão muito mais úteis que frases feitas.

E, finalmente, cuidado ao vomitar positividade tóxica nas suas redes. Você pode e deve ser otimista, mas calibre sua linguagem, não saia por aí cagando regra. Antes de ser grato, você precisa ser verdadeiro. É cada vez mais isso que a gente quer nas redes sociais e na vida.

EU, *MINHA MÃE*

Só quero que alguém me pegue pela mão e me conduza. Que me guie de vez em quando, porque às vezes é cansativo ser foda e ser forte e ser independente e dar conta. E justamente porque a gente "imprime" ser foda e independente... adivinhe?

> " É difícil ter alguém que ache que você vai apreciar essa 'guiança' se você entrega tanto sozinha. "

Quando a gente se apresenta como portão de ferro pro mundo (Pode vir, não precisa me poupar, eu seguro vento, chuva, granizo, pode bater que eu não me modifico, eu resisto, eu suporto, eu aguento. Até dói, mas ninguém percebe...), se esse é o papel que nos damos, ninguém vai nos ver como o frágil cristal que, às vezes, a gente sente ser. Esquece!

Acho mesmo que a gente não sabe emitir os sinais de uma pessoa cristal, frágil e vulnerável e que exige cuidados. E em alguns momentos é sofrido, porque o fato de a gente não demonstrar não quer dizer que a gente não quer nem merece.

Mas, vendo isso pelo lado bom, exercitando o copo meio cheio, é sempre um traço um tanto infantil da nossa personalidade querer ser guiada pelo outro. Essa fantasia dessa facilitação do outro em abrir um caminho é uma ilusão. Eu tenho que aprender de uma vez por todas. Porque não tem "guiança" sem aprisionamento. A proteção que a gente fantasia muitas vezes nos custa submissão. Parem pra pensar: já esperamos (e tivemos ou não) isso de pai, chefe, companheiro...

Eu também preciso entender, assim como talvez você: sou a pessoa que melhor me sei. Você é a pessoa que melhor se sabe. Eu sou o meu próprio guia, norte e suporte. Eu sou a minha mãe. E você é a sua mãe. É você quem diz: vamos, vem por aqui! Que forte isso! Isso nos ajuda a não explodir com ninguém que julgamos estar em débito com a gente. Não explodir; em vez disso, expandir. Ô, portão de ferro, você é sua mãe. Se pega pela mão e se conduza. Tamo junto!

DUVIDE DAS *CERTEZAS*

Vou fazer uma confissão feia, usando uma palavra feia que as pessoas têm muito medo de usar. Aliás, eu aposto que a maioria é capaz de jurar que não sente isso, não, imagina, é todo mundo alecrim dourado. A palavra é inveja, e a confissão é a seguinte: eu sempre tive muita inveja de pessoas que têm certezas, posicionamentos claros, contundentes. Eu tenho muita dificuldade de ter certezas. As certezas sempre me pareceram tão intransigentes, tão simplificadoras, tão míopes.

Ao mesmo tempo, pessoas com certezas brilham, arrebatam, as pessoas amam seguir pessoas com certezas. Então eu já me julguei fraca, morna, inconsistente e pouco eloquente por causa da minha dificuldade em ter certezas. E eu sempre achei isso um traço de personalidade meio dã, meio oscilante.

Mas aí vem o *Big Brother Brasil*, esse espelho tão preciso da nossa sociedade doente. Ou mesmo as redes sociais. A cultura pop como um todo. E eles esfregam na nossa cara o quanto certezas são burras. E mais: o quanto as certezas que professamos em público muitas vezes mascaram dores e inconvenientes internos. E o quanto, no afã de esconder nossas vergonhas, o feio em nós, nossas oscilações, medos e dúvidas, deixamos isso tudo bem claro e cristalino pros outros.

A psicanalista Vera Iaconelli escreveu, em sua coluna na *Folha de S.Paulo*: "Tem gente que tem um discurso tão eloquente quanto seu autoengano. Quem enche a boca para se vangloriar da sua consistência e autocontrole só pode receber da psicanálise um sonoro bocejo".

Donos da verdade? Que verdade? Se a verdade tantas vezes não é aquela que a gente vomita em frases feitas pra impressionar, e sim aquela que escapa nas entrelinhas, que foge entre as falas do roteiro decorado pra receber aplausos, desmascarada por uma explosão, revelada por um lapso. As pessoas dão tanta bandeira das suas merdas… basta você ficar atento pra sacar.

Duvide de quem tem muitas certezas sobre muitas coisas. De quem não prefere ser essa metamorfose ambulante do que ter aquela velha opinião formada sobre tudo. Duvide de quem atropela sutilezas, de quem olha o mundo de cima, do alto de suas certezas, de quem se veste de superioridade moral e aponta dedos supostamente em nome do bem comum, de quem acha que é o porta-voz do bem comum…

O ser humano é complexo, profundo, incoerente, oscilante, confuso, mutável. O fato de você achar que disfarça isso bem não é nenhuma vantagem, hoje eu sei. Afinal, o que é a certeza senão a necessidade desesperada de fugir daquilo que não sabemos de nós e do mundo? Eu fico com a incerteza — mais honesta, mais autêntica, mais humana.

NARRADOR INTERNO

Já pararam pra pensar que todos nós temos um narrador interno? É uma voz que mora na nossa mente e que determina o teor emocional das nossas histórias. É esse narrador interno que diz qual gosto tem cada experiência que a gente vive, boa ou ruim. Percebam que a importância dele é vital pra narrativa que vai emergir sobre nós mesmos e nossa vida a partir disso.

É como acontece em todas as histórias. O narrador pode não ser personagem, mas é sua visão das falas e ações do personagem que molda a nossa percepção das coisas.

Igualzinho ao nosso narrador. Ele influencia a maneira como a gente interpreta tudo, como a gente guarda as histórias na memória, como a gente as conta pros outros e como a gente age. Sim — e olha o perigo! —, porque a maneira como a gente conversa consigo mesma treina nosso cérebro a pensar determinadas coisas sobre nós, e isso nos leva a tomar decisões nem sempre sábias e baseadas em fatos.

Isso vale pros dois extremos, acho eu: a gente pode ser muito cruel conosco ou então, por autoengano, fuga, defesa, criar uma superficção pra nos valorizar. Quantas vezes você já não ouviu alguém falar de si próprio ou de uma situação e pensou: mas, gente...! Não procede! Eu tava lá, não foi assim, não. Pais péssimos que acham que foram verdadeiros pais heróis, ex-maridos péssimos que se julgam pobres vítimas, ou então aquela pessoa que acha todo mundo tóxico (pais, chefes, amigos, namorados) e às vezes não enxerga a si própria como sendo tóxica... É raro, mas acontece muito!

No outro extremo, ao lidar com uma frustração, sua voz pode dizer "Ai, você não faz nada certo!". E isso pode fazer você desistir cedo demais.

Como nos lembra a psicóloga Larissa Alhadef, do ótimo perfil do Instagram @psicomporte, que inspirou esta reflexão, a forma de enxergarmos as coisas tem a ver com nossas experiências e frustrações, os modelos de comportamento a que fomos expostos e até nosso humor no momento. Na psicologia, isso se chama autodiscurso. O autodiscurso afeta nossa autoimagem e, consequentemente, a imagem que as pessoas têm de nós. Ou seja: afeta todos os nossos relacionamentos interpessoais.

A ideia é que, sabendo disso, a gente persiga, segundo a Larissa, um diálogo interno mais equilibrado, gentil e realista. Observe e acolha suas emoções e pensamentos, mas não se deixe afundar neles. E o mais importante: não os trate como a verdade única da sua vida. Desafie seu narrador interno a ser menos cruel com você e, no outro extremo, quando ele quiser te colocar num pedestal irreal de alecrim dourado, saia dele e enfrente seus demônios, porque só assim se cresce. De um jeito ou de outro, mostre pro seu narrador interno que quem manda é você!

VIDA *ADULTA*

- A vida adulta é sobre dizer pra sua amiga "vamos nos ver" e de repente se passaram seis meses.
- A vida adulta é sobre se matricular na academia e descobrir que só isso não basta pra ser *fit*.
- A vida adulta é sobre resolver problemas com maturidade: um dia com *chardonnay* e no outro com *cabernet*.
- A vida adulta é sobre levar o carro na revisão dos 15 mil e ficar atenta à troca de óleo.
- A vida adulta é sobre uma sigla: DARF!
- A vida adulta é sobre equilíbrio: muito café pra acordar, muita melatonina pra dormir. E olha que são apenas as substâncias publicáveis…
- A vida adulta é sobre considerar o limite do cartão como saldo disponível previamente.
- A vida adulta é sobre constantemente adiar o plano do primeiro milhão de dólares pra década seguinte.
- A vida adulta é sobre adicionar itens que nunca serão comprados em carrinhos de compras.
- A vida adulta é sobre variar entre as seguintes desculpas-curinga: sou de humanas, depois da covid fiquei assim, é a TPM, é Mercúrio retrógrado.

MATURIDADE *EMOCIONAL* EM DEZ PASSOS

Você se considera maduro emocionalmente? Ou ainda tá meio verdinho? 100% de maturidade emocional é uma utopia, mas tem alguns sinais que mostram que, sim, você tá no caminho. Vou listar dez sinais!

1. Você percebe que a maior parte do mau comportamento dos outros se dá por medo ou ansiedade — e não, como a gente tem a tentação de dizer, por maldade ou sacanagem.
2. Você aprende que o que está na sua cabeça não pode ser automaticamente compreendido pelos outros. Você precisará articular suas intenções e seus sentimentos usando palavras. Ser humano não tem legenda automática, não.
3. Você aprende a ser confiante não porque seja incrível, mas porque entende que tá todo mundo por aí fazendo tanta besteira quanto você. Todo mundo acertando, errando e seguindo em frente. Porque, né...? Que opção temos?

4. Você perdoa seus pais porque entende que eles fizeram o melhor que puderam dadas as circunstâncias e os próprios demônios internos contra os quais eles lutavam — frutos dos demônios internos dos pais deles e assim por diante.
5. Você verbaliza! Se alguém te machuca, você diz que machucou. Se alguém te ofende, você explica por que se ofendeu. Se algo te incomoda, você elabora e endereça.
6. Você deixa de acreditar em perfeição. Não existem pessoas perfeitas, trabalhos perfeitos ou vidas perfeitas — nem a sua, nem a de nenhum ser vivo no planeta Terra. Em vez disso, você se volta para uma apreciação do que é suficientemente bom.
7. Você não tem medo de conversas difíceis. As conversas difíceis são normalmente as mais necessárias de ter com as pessoas com quem temos mais intimidade. E o medo de nos vulnerabilizarmos demais? E o medo de ouvirmos o que, no fundo, não queremos saber? Esses medos, a gente vence. Pior que ter uma conversa difícil é não ter uma conversa difícil e ser tarde demais.
8. Você suporta alguns inconvenientes nas relações com quem vale a pena, porque sabe que uma vida livre de conflitos só existe na ficção das redes sociais.
9. Você aprende a tranquilizar sua ansiedade sem ter que dizer a si mesmo que tudo vai ficar bem. Porque, na

real, nem sempre vai. Você constrói uma capacidade de pensar que, mesmo quando as coisas não saem como você quer, você é plenamente capaz de sobreviver a elas.

10. Você concorda que é, sim, uma pessoa difícil de se conviver. E quem não é?

PROPÓSITO

Dentre as palavras mais irritantes da atualidade, bem ao lado de "gatilho" e "desconstrução", figura no pódio a palavra "propósito". A palavra e todo o pacote obrigatório que vem com ela: a cobrança do mundo sobre se você já encontrou o seu, a sua autocobrança sobre se já encontrou o seu e o consequente desespero que bate caso a resposta seja "não".

> Não encontrei meu propósito, ou será que encontrei e não sei, onde procuro, será que a gente encontra nosso propósito de propósito? Ou é ele que encontra a gente?

Que angustiante é isso. E aí, lendo um post bem bom do Samer Agi (seu perfil do Instagram é @sameragi) sobre o tema, me pus a pensar. Primeiro a respeito da grandiosidade do propósito. Vendem pra gente que propósito é algo grandioso, como encontrar sua grande missão de vida, descobrir a cura de uma doença, criar uma empresa unicórnio, dedicar a vida à caridade. E, na real, é essa lente de aumento que aprisiona e paralisa. Eu posso não descobrir a cura de uma doença, mas extrair muita satisfação em trazer minha sogra aqui pra morar em casa, com todos os cuidados que ela merece ter. Posso não criar uma startup bilionária, mas fazer com prazer meu trabalho, e esse trabalho pode não mudar os rumos da humanidade, mas ele certamente vai ser necessário e precioso pra alguém. Talvez, apenas talvez, buscar propósito na megalomania possa nos deixar míopes pra detectar pequenos e maravilhosos propósitos.

Outro ponto que o Samer levanta: você talvez não vá encontrar um propósito e aí sair do buraco. Você vai sair do buraco e, na subida, com o joelho ralado, cara suja e suor pingando, aí vai encontrá-lo. Porque propósito não é uma revelação divina, a resposta pra todos os seus problemas, palavras escritas na pedra. Propósito é movimento, é descoberta, é repercepção constante.

A maioria das pessoas que você admira provavelmente não tinha como propósito o que elas fazem hoje. Elas foram descobrindo, experimentando, errando e acertando no meio da guerra.

A maioria das pessoas, inclusive, pode ter uma vida bem satisfatória sem um propósito claro. Até porque muitas vezes o sentido do que fazemos vem *a posteriori*. A gente não tem muita dimensão das coisas no momento em que elas estão acontecendo, é preciso um distanciamento temporal.

Mas, olha, como nos lembra o Samer, é provável que seu avô tenha sido muito feliz sem ter clareza alguma sobre o propósito dele. Era um tempo em que essa palavra não era obsessão mundial. Ele trabalhava, ganhava um salário, tomava uma taça de vinho no jantar e jogava bocha com os amigos aos fins de semana. O propósito dele era prover a família e ter alguns momentos de felicidade. E o seu pode ser o mesmo.

Porém, é legal saber uma coisa! Propósito está sempre ligado ao que nos dá prazer, o que nos ilumina quando fazemos, o que nos energiza. Se você gosta de escrever e não escreve, se sentirá frustrado. Se você ama a vida em família, mas só trabalha e não tem tempo pra conviver, se sentirá frustrado. E por aí vai. Eu acho mesmo que encontrar nosso propósito não pode ser nosso propósito. Vamos tratar de viver nossas virtudes com coragem que uma hora ele vem...

A ARTE DE *DESISTIR* DAS PESSOAS

Desista de agradar as pessoas. Além de ser impossível, é absolutamente desnecessário. Inclusive tem pessoas que nós temos até a obrigação de desagradar.

Eu sei, não é fácil. Ser querido e amado por todos (o sonho estúpido de medir nosso valor pela métrica da unanimidade) e sobretudo receber publicamente os louros por isso infla o ego, aquece a alma e parece preencher, ainda que momentaneamente, os vazios internos que todos nós temos.

E em tempos de afetos Nescafé — solúveis e instantâneos —, tenho a sensação de que "comprar" a simpatia das pessoas on e off-line ficou mais fácil. Quer ser popular? Saia por aí dizendo que é fã de todo mundo, exalte coisas banais, engrandeça quem nem é grande, se entregue ao caminho duvidoso porém exitoso de ser aquela pessoa política escorregadia de quem a gente não sabe quase nada porque nunca emite opinião, alimente boas relações com quem não merece ainda que isso te cause muita dor de estômago, escolha sempre ser feliz a ter razão.

Não defenda seus argumentos, pois isso certamente desagradará alguém; aceite facilmente os nãos da vida, melhor ainda se for com um sorriso no rosto. Escolha sempre o caminho neutro e seguro... Desculpa, bocejei aqui.

Como reforça uma postagem recente da The School of Life (escola de inteligência emocional com filial no Brasil), muitas vezes tudo de que a gente precisa é aprender uma arte incomum e pouco falada: a arte de desistir das pessoas. Quantas vezes você desculpou as sacanagens alheias só porque, ah, é melhor ser feliz a ter razão? Quantas vezes você insistiu em defender uma pessoa e seguir acreditando nela apesar de tantas evidências em contrário? Mas quando a realidade nua e crua encontra a imagem-fantasia que temos da pessoa, que é como nós queríamos que ela fosse, nosso eu iludido reluta. A gente não quer enxergar. Pensa: "Será que não sou eu que sou desconfiada demais?". E insiste na relação. E isso dói e cansa.

Então, vamos lá. Nem todo pai e mãe amam incondicionalmente, nem toda família se quer bem, nem todo mundo que você ajudou será grato, nem todo amigo torce pelo seu sucesso. A arte de desistir das pessoas pode ser o melhor caminho pra você agradar quem realmente merece seu afeto: você!

ESCOLHA
O *SEU* DIFÍCIL

Casamento é difícil. Divórcio também é difícil. Escolha o seu difícil. Ter filhos é difícil — a disponibilidade afetiva, de tempo, de energia, de dinheiro, a ingratidão, a frustração quando a gente descobre que, oh!, eles não são a gente, eles são indivíduos com vontade própria que quase sempre não é a nossa vontade. Mas não ter filhos também é difícil. A não continuidade, o vazio, o envelhecer solitário. Escolha o seu difícil.

Trabalhar muito é difícil. As renúncias, o desequilíbrio, a falta de tempo, o cansaço. Não ter trabalho é difícil. A sensação de fracasso, o excesso de tempo livre, o questionamento sobre nosso valor.

> " Nem sempre é uma questão de escolha, mas que a gente saiba valorizar e aprender com cada cenário sabendo que tudo passa. "

Ter disciplina financeira é difícil, poupar, adiar o prazer momentâneo em nome de um prazer até mais duradouro, mas que eu só vou saborear lá pra frente. Porém, se endividar também é difícil. Abraçar os prazeres imediatos tem consequências difíceis. Escolha o seu difícil.

Me manter no *shape* de que eu gosto é difícil (Esse tópico é polêmico! Ser cancelada é difícil!). Não como o que eu quero quanto eu quero na hora que eu quero. Vou malhar quando eu queria abrir um vinho e assistir a uma série jogada no sofá. Mas pra mim também é difícil não gostar do que vejo no espelho ou levar bronca de médico (como já aconteceu) por conta de exames alterados ou excesso de gordura visceral. Escolha o seu difícil. Falar o que a gente pensa é difícil. Exige coragem, a gente corre riscos de ser mal interpretada. Não falar o que a gente pensa também é difícil. Engolir, se calar, se resignar, que angústia, que difícil. Escolha o seu difícil.

Viver não é fácil pra ninguém. E nossas réguas nunca servem pra medir o difícil do outro. Já que não podemos escapar do difícil, que a gente possa ao menos escolher o nosso difícil com sabedoria.

CARTA A MEU *PAI*

Você chegou cedo. Você estendeu a mão para me amparar. Eu descia a escada devagar. Salto altíssimo. Você tinha lágrimas nos olhos. Pai, você quase sempre tem lágrimas nos olhos. Passou um filme na sua cabeça. Passou um na minha também. Você era — é — um dos protagonistas. "Filha, você está linda." "Pai, não posso borrar a maquiagem!" Abraço apertado. Dez segundos ou uma hora? E lá fomos nós, mão na mão, rumo a uma das noites mais importantes da minha vida.

Você me conduziu, pai. Quando os primeiros acordes de "She" ecoaram na capela da PUC-SP, eu era Mônica Guimarães Salgado. De braços dados com você, trilhei o caminho pra virar Mônica Salgado Nigro. Você chorou. Eu chorei. Nada mais seria como antes. Eu estava saindo de casa. Queria tanto que você tivesse orgulho da mulher de 25 anos que conduzia naquela noite de 15 de abril de 2005. A noite do meu casamento.

Porque a gente cresce, fica independente, faz análise (primeiro, fica independente, porque análise custa uma fortuna), se empodera, faz mais análise (se empoderar tem um custo emocional)... mas, no fim das contas, a gente quer mesmo é que nossos pais morram de orgulho de nós. No caso das meninas, especialmente o pai, certo, senhor Freud?

O altar da capela é uma metáfora da vida. Pais conduzindo filhas. Dando a vida, dando os rumos, dando moral, dando bronca, dando os braços ao som de "She" ou de qualquer outra música dessa *playlist* louca que serve de trilha pra existência de todos nós. Me lembro de tantas conduções. De cada vez que eu, no meio daquelas crises crônicas de enxaqueca que marcaram tristemente minha infância, te lançava um olhar de súplica que dizia sem palavras: "Me leva daqui, vou vomitar!". E vomitava. Com você, sobre você, apesar de você. Você achava que "só" estava segurando meu cabelo. Mas você estava me segurando inteira. De um jeito que diz sem palavras "Estou aqui!". Parece que, entre nós, as melhores coisas são ditas sem palavras.

Algumas vezes, "eu te amo" chegou via laranja cortada em cubinhos e já sem os caroços, compartilhada ao pé do sofá, vendo o *Jornal Nacional*. Outras, por meio dos bilhetinhos com problemas sobre porcentagem que você espalhava pela casa pra me ajudar a entender o conceito. Tantas outras, você disse "eu te amo" sem dizer a cada ida ao meu quarto no meio da noite, quando eu acordava chorando porque tinha sonhado com a bruxa Carmela. Ou quando, trabalhando na extinta Vasp, me trazia as maletinhas de lanches servidas no voo, só pra eu ficar toda me gabando no recreio da escola — acreditem, os lanches da Vasp me garantiam *status* no colégio. Houve ainda as vezes em que você não disse, mas escreveu "eu te amo" nos cartazes que costumava decorar e pendurar pela casa nos meus aniversários. E as vezes em que andamos de bicicleta juntos em Pindamonhangaba, jogamos frescobol nas praias deste Brasil e futebol no clube? "Eu te amo" pode ser fitness, meu bem!

E quando me levava à escola de Fusca, e eu pedia que me deixasse na esquina, por vergonha? Você obedecia. Mas, ao passar pela porta, buzinava e gritava lá de dentro do carro "Tchau, filha, boa aula!". Esse foi um "eu te amo" bem importante, saiba disso. É... Entre nós as melhores coisas foram ditas sem palavras.

Ou com letras daquele sertanejo bão dos anos 80 e 90. Leandro e Leonardo, Chitãozinho e Xororó, Christian e Ralf embalaram muitas viagens em família, as crianças no bagageiro da Belina dourada. Sim, politicamente corretos: fui uma criança dos anos 80. Viajei no "chiqueirinho" do carro, tive chupeta molhada na cerveja, levava bolacha recheada de lanche pra escola. E tô aqui, vivinha. Porque acho que é isso: fui bem conduzida e amparada, pai. Desde sempre. Ouvi muitos "eu te amo" sem ouvir.

Quando viajávamos pro Nordeste e saíamos pra andar de *buggy* nas dunas, o condutor perguntava se queríamos o passeio "com emoção ou sem emoção". A gente se olhava e respondia ao mesmo tempo: "Com emoção!" (mamãe e Dani putas conosco).

Pois levamos a frase pra vida. Com emoção. Suor, lágrimas e alguns conteúdos gástricos. Não tem nada de grandioso na nossa história, mas tem tudo de grandioso na nossa história. Tem emoção e tem "eu te amo" sem dizer. Apesar de este texto todo ser uma grandessíssima declaração de amor.

MISÉRIA
EMOCIONAL

Você conhece algum miserável emocional? Eu infelizmente sim, bem próximo a mim. A miséria emocional é o estado de alguém que vive na necessidade básica das trocas afetivas, alguém que é adepto do mínimo possível de amor para garantir a sobrevivência como ser humano que é, pra justificar ter um coração pulsante dentro de si. Mas não vem querer dar mais amor, mais carinho, mais atenção, porque ó, o mínimo já me atende, e eu prefiro não me aproximar mais. A grande tristeza desta história é que, quando eles não se aproximam, eles não dão, mas eles também não recebem.

Os miseráveis emocionais têm sempre relações paupérrimas. Eles se acostumam a se relacionar com quem e de quem eles não recebem. Ou seja, com quem é miserável e derrotado consequentemente. O miserável ama o derrotado porque é aí, nesse lugar da derrota do outro, que ele se sente potente.

E é isso que nós já sabemos: amar dá trabalho, exige troca, demanda investimento, nos vulnerabiliza, coloca todas as nossas certezas à prova. Pode doer, incomodar, deixar desconfortável. Tem gente que prefere não correr o risco. Que pena!

PALAVRAS INSUPORTÁVEIS

Q uando foi que entramos nesse lugar de ressignificar e desconstruir o português para empoderar certos termos? Foi a pergunta que The Summer Hunter (o perfil no Instagram é @thesummerhunter) se fez e nos fez num post do Instagram genial que eu reproduzo aqui com alguns toques autorais.

Com vocês, as palavras que não aguentamos mais ouvir e rogamos pra que vocês as eliminem de seu vocabulário.

1. "Autocuidado": a palavra colou durante a pandemia da covid-19, quando significava fazer exercícios, se alimentar corretamente, cuidar da saúde mental. Hoje, contudo, porém, todavia engloba desde rotina de *skincare* a vela aromática.

2. "Num lugar de": ah, a expressão queridinha do pessoal cabeça, onipresente em podcasts e entrevistas supostamente inteligentinhas. É certo que entramos num lugar de abandonar expressões outrora consagradas, como "ponto de vista", "condição", "posição" etc. Pena.

3. "Empoderamento": a palavra foi desempoderada pelo desgaste. Palavra chata pra #@&*!
4. "É sobre isso. E tá tudo bem": algo me diz que a expressão foi cunhada em alguma lição de moral pretensiosa no BBB, porém não posso confirmar. Só posso lamentar…
5. "Ressignificar": como bem colocou o post-inspiração, a palavra foi da neurolinguística ao botequim. Eu acrescento: ressignificar virou basicamente dar um verniz cabecístico a qualquer coisa meio duvidosa. O esquisito é o belo ressignificado e assim por diante.
6. "Desconstruir": tem muito preconceituoso, machista e outros "istas" por aí jurando que estão se desconstruindo depois de aprender uma ou duas lições básicas sobre a questão. Vamos substituir por "revendo" só pra não irritar geral?
7. "Gratidão": não substituir "obrigada" por gratidão, essa palavra que é uma verdadeira praga linguística. Obrigada!

O *SENTIMENTO* INOMINÁVEL

Você sente raiva? Qual foi a última vez que teve um acesso de raiva? Confesse, não tem ninguém olhando. Outro dia mesmo aconteceu um episódio comigo, de manhã. E aí eu me lembrei de algo que li outro dia: raiva é um castigo que damos a nós mesmos pelo erro de outra pessoa. É uma frase atribuída a um sábio, anônima. Mas, veja bem, um SÁBIO com letras maiúsculas. Raiva é um castigo que damos a nós mesmos pelo erro de outra pessoa.

É aquele afeto desagradável e intenso que nos acomete quando somos sacaneados, nos sentimos injustiçados, traídos e um vasto etc. É uma ira inicial que precede outros sentimentos mais elaborados. Quando decantamos a raiva, ela pode virar decepção, tristeza, até sintomas físicos. Ou seja, outras nuances de castigo, profundas e duráveis, que damos a nós mesmos.

E qual o sentido de impor a nós mesmos sofrimento pelo erro do outro? Desta vez, a pessoa dramática que problematiza tudo que vos escreve resolveu respirar fundo e não acolher a raiva. Desta vez, escolhi deixar a carga do erro do outro com o outro. E não é que foi bom?

Dá vergonha admitir que sentimos raiva, sei que não falo só por mim. Por mais que atualmente pegue bem falar de vulnerabilidades, a raiva, assim como a inveja, parece um sentimento tão animalesco e pouco evoluído… Aposto que você vai encontrar por aí mil reflexões sobre insegurança, perfeccionismo, não saber dizer não etc., mas a raiva é tipo um pária entre os defeitos e afetos desagradáveis.

Pois normalizemos a raiva, esse sentimento tão humano. Mas, sobretudo, reflitamos sobre a necessidade de senti-la, acolhê-la, mas transmutá-la em algo mais nobre pra nós.

OS 40 SÃO OS NOVOS 20? ENTÃO, TOMA!

> Se os 40 são os novos 20, vamos instituir para os devidos fins que dez horas da noite é a nova meia-noite.

Que sair pra jantar é a nova balada. Se for drinque mais jantar, então, é a nova rave.

Aliás, vamos deixar aqui estabelecido que sair pra qualquer lugar que não tenha onde se sentar equivale a correr dez quilômetros, tamanho esforço físico e, por que não dizer, mental demandado.

Qualquer evento que comece depois das nove da noite eu já tomo como ofensa pessoal.

Show em estádio, então, a cota é um por ano no máximo, número com forte viés de queda a cada velinha a mais que apago. Perrengue pra chegar, o uber que não te encontra na saída, a lombar que castiga, bebida ruim. Exceções abertas apenas para Bon Jovi, que, caso venha todo mês, ficarei feliz em prestigiar. Fora isso, só reencontro dos Beatles com reencarnação dos membros que já se foram.

- Aventura mesmo pra mim hoje é ir à academia cedo no inverno.
- Noitada boa é aquela de oito horas de sono ininterruptos.
- Aglomeração tolerável só se for a superlotação do sofá de casa, eu, Afonso, Be e as cachorras.

Sim, me tornei aquilo que mais temia antes do que eu pensava. Segue o baile. Baile pode ser matinê, né!?

RACIOCINAR
×
RACIONALIZAR

O utro dia, num grupo de WhatsApp, uma pessoa enviou um print de um *story* de um empresário que falava sobre as diferenças dos papéis do homem e da mulher na família e na sociedade. E aquele compartilhamento gerou um baita *buzz*. Mulheres, digamos, da elite intelectual e empresarial do país dizendo que todas tínhamos que denunciá-lo por discurso de ódio, que a rede social deveria intervir, onde já se viu?, que os veículos que publicassem entrevista com o sujeito deveriam ser penalizados. "Cortem os investimentos das suas marcas para estes veículos", uma delas bradou pras outras. E eu, por mais que não concorde integralmente com a fala do fulano, pensei: discurso de ódio? Será que elas leram os *stories*? Eu pensei: vou esperar porque alguma delas vai falar "mas, gente, eu achei infeliz, não concordo, mas não é discurso de ódio, não é incitação de coisa alguma, é a opinião conservadora do cara". Mas não. Pipocavam mensagens "que absurdo, já denunciei aqui", "até quando o Instagram vai permitir que se propague esse tipo de coisa?". E todas concordavam. Será que alguém de fato leu o que estava escrito ali? Quem aplaudiu e endossou foi lá ler e tirar sua conclusão? Acho que não e acho isso simbólico de muitas coisas. Mas é uma faceta disso tudo que eu gostaria de aprofundar aqui.

> **Viramos uma sociedade que racionaliza muito e raciocina pouco.**

Quando a gente raciocina, a gente analisa, reflete, segue evidências lógicas e tira conclusões. Essas conclusões estão em aberto durante o processo, a gente não sabe aonde as evidências vão nos levar até a conclusão.

Já quando a gente racionaliza, a gente parte de uma conclusão a que nos interessa chegar e, a partir daí, pinçamos as evidências que nos convêm e fazemos a realidade se encaixar no nosso desejo de realidade. A gente raciocina, mas raciocina mergulhada num viés de confirmação. É claro que é um processo enviesado, incompleto e de má qualidade. É o que eu mais tenho visto por aí não só nas redes sociais, na ditadura de pensamento e comportamento, mas também nos relacionamentos. É tipo um vício. Todo mundo sai da conclusão e seleciona evidências convenientes pra validar sua posição. Tipo aquela amiga que já chegou à conclusão de que o cara é o homem dos sonhos e caça evidências disso até no nome da avó da pessoa (nossa, mesmo que o da minha, era pra ser), a gente quando tem uma antipatia gratuita por alguém e fica querendo confirmar que a pessoa é do mal...

Enfim, que os próximos tempos sejam de gente que raciocine mais e racionalize menos. Que tal começar pelo começo, analisar os meios e só saber o fim quando a gente chegar a ele? Ah, o nome do grupo e do empresário que eu mencionei é... Pegadinha! Não falo nem sob tortura, embora os envolvidos quase que mereçam.

FAZ SENTIDO?

- Eu quero ter uma vida social e animada, mas também não quero interagir com seres humanos, faz sentido?
- Eu quero estar em todas as redes sociais porque tenho síndrome de FOMO (sigla de *fear of missing out*), mas também quero desinstalar tudo e morar no mato, faz sentido?
- Eu quero fazer conteúdos lustrosos, embrulhados pra presente, mas também queria só viver de pensatas gravadas em *selfie* na sala de casa. Faz sentido?
- Eu quero manter a chama da relação acesa, *caliente*, mas pra isso tem que tirar a roupa, tá frio e dormir de conchinha é tão gostoso! Faz sentido?

(Aliás... Eu amo dias de sol, mas há uma obrigatoriedade de ser feliz, não? Num dia frio e chuvoso, a gente fica livre pra ser nossa pior versão sem culpa; então, às vezes, eu amo mais um dia de frio e chuva. Faz sentido?)

- Eu quero fazer um bom networking. Claro, né, essa é a chave pra uma carreira bem-sucedida. Mas também surto de vez em quando dizendo "ah, não vou ficar puxando saco, sendo política, eu hein? Sou mais eu!". Faz sentido?

- Eu busco o equilíbrio na vida. Um dia, Pizza Hut e um Häagen-Dazs de doce de leite, pote inteiro. Com Coca zero, claro. No outro, sopa e treino de três horas. Faz sentido?
- Eu preciso beber menos vinho, mas não posso deixar um *malbec* desamparado com esta temperatura que tá fazendo, faz sentido?
- Eu vivo dizendo que a gente tem que deixar filho resolver conflitos sozinho, isso os ajuda a criar casca, mas semana passada mesmo respondi a uma treta no grupo de WhatsApp como se fosse ele. Faz sentido?
- Eu, depois de uma reunião: "puxa, mais uma reunião que poderia ter sido um e-mail". Eu, quando recebo um e-mail longo e complexo: "ah, outro e-mail? Tenha dó, manda WhatsApp!". Faz sentido?
- Eu quero me desafiar, sair da minha zona de conforto, mas também penso seriamente em sair da minha zona de conforto e entrar numa zona ainda mais confortável. E ainda tirar uma soneca. Faz sentido?

AUTOESTIMA

Autoestima é um gerúndio. A minha autoestima é definitivamente um gerúndio. Não tem essa de tenho ou não tenho. Quem dera fosse simples assim. A minha autoestima é do tamanho do meu último triunfo — pessoal, profissional, não importa. Me julgue se a sua autoestima permitir.

Quando vem uma nova fase, um novo projeto, uma nova demanda, uma nova Mônica que deve surgir pra dar conta desse novo cenário... lá vai minha autoestima se reconstruir. Claro, ela não se erige do zero. Papai e mamãe fizeram um trabalho de base ali. O sol em Libra e minhas mais de quatro décadas de vida fizeram o resto. Ou melhor, vêm fazendo o resto. Autoestima é um gerúndio, afinal de contas. E no meu gerúndio surgiu um ponto e vírgula importante.

Há algumas semanas mergulhei de cabeça num novo projeto profissional. E, nossa!, estamos, minha autoestima e eu, num trabalho árduo em equipe, empilhando tijolo a tijolo. É como se eu estivesse num quarto escuro (que é toda situação nova na vida de todos nós), e minha bagagem, minha autoestima original de fábrica, fosse uma lanterna tosca.

Ilumina, *pero no mucho*. O frágil facho de luz me protege do breu total, mas não me impede de me machucar numa topada. Ajuda, mas não blinda. Parece que a luz do sol de ontem não ilumina mais hoje. Como eu já disse aqui, todos os dias a gente se reassegura de quem somos. Do que significamos. Do impacto que causamos.

Fico observando com interesse as pessoas que, na minha parcial e falha opinião, parecem tirar de letra esse lance da autoestima. Teriam elas de fato uma autoestima lustrosa ou apenas disfarçam melhor? São boas de saúde mental ou boas de atuação e disfarce?

Autoestima é estima de si. Sentimento de si. Ela acontece plena quando, em teoria, não estamos em briga com a gente mesmo. Quando nossa expectativa de nós mesmos se encaixa na realidade. O lance da expectativa/realidade? Imagina que lindo quando esses dois conceitos se tornam um só.

Tem a ver com os ideais que a gente constrói. Temos ideais elevados, médios, baixos? Se temos ideais altos, podemos nos esforçar pra alcançá-los, mas também podemos nos frustrar. Se são ideais baixos, então é uma vantagem, porque o que vier é lucro. Será? Que ajuste complexo!

Minha terapeuta diz que, ao contrário do que podemos pensar, autoestima não se constrói pela certeza do amor do outro. Pais ultra-afetuosos e os "eu te amo" infinitos não são garantia de filhos com autoestima elevada. Estima de si é sobre ter a segurança de que alguém confia que você é capaz.

Começa com nossos pais, como quase tudo. E aqui, excesso de presença dos pais é tão negativo quanto ausência dos pais. Ambos os extremos falham porque não aparelham a criança. Pense numa mãe com um filho de, sei lá, 7 ou 8 meses de idade, numa sala cheia de brinquedos. Quando a criança aponta o dedinho na direção do brinquedo, o que essa mãe faz? Se apressa pra pegar o brinquedo e entregar pro filho? Está no celular e nem se dá conta da demanda? Ou tira do caminho os outros brinquedos/obstáculos pra que o filho consiga pegar o objeto de desejo por si só?

Esse olhar presente, que demonstra confiança e apoio se necessário, mas que não julga ou censura caso o resultado não seja o esperado, é o maior motor de autoestima que se conhece. Se seus pais confiam que você pode, então é porque você pode. E essa certeza passa a ser a base da sua pirâmide. Não quer dizer que você não buscará a validação dos outros, porque a gente sempre vai buscar a validação dos outros, mas ao menos você não se tornará um adulto sedento por olhares aprovadores. Nossa sede de aprovação e a porosidade da nossa autoestima são reflexo da construção que fizemos com os observadores da nossa infância.

Obviamente, somos humanos criados por outros humanos, e a falha e a falta são inevitáveis. Não existe uma pessoa, nem os leoninos, que seja imune a momentos de baixa autoestima. Temos nossos momentos de baixa quando estamos diante de algo novo, quando saímos da nossa quentinha e confortável zona de conforto, quando temos de nos provar diante de uma nova plateia, quando precisamos nos reinventar. É quando a base da nossa pirâmide se abala. As placas tectônicas da nossa autoestima se movimentam.

Tô nesse momento. Minha base não é tão sólida. Rolou o abalo sísmico. Tudo em movimento por aqui. Que bom. Porque autoestima é um gerúndio. Como está a sua autoestima agora?

VERDADES INCONVENIENTES OU *MENTIRAS* CONVENIENTES?

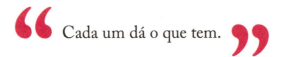

> " Cada um dá o que tem. "

Tá, até faz sentido, mas por que será que parece que se contentar com isso sempre deixa um sabor de se contentar com migalhas? Com algo aquém do que a gente merece?

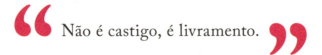

> " Não é castigo, é livramento. "

Mas não dá pra ter livramento sem castigo? As pessoas que saem das nossas vidas não podem sair assim, à francesa, sem nos magoar, nos apunhalar e nos trair? Hã?

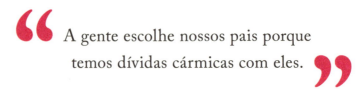

> " A gente escolhe nossos pais porque temos dívidas cármicas com eles. "

Difícil essa, porque a gente busca sempre honrar pai e mãe, mas e quando eles não nos honram? Que dívidas de outras vidas justificam falta de amor e apoio e presença de pai e mãe sem nenhuma razão aparente?

> Perdão é uma escolha.

Uma escolha que fazemos por nós, e não pela pessoa. Não depende de entender os motivos da pessoa nem de ela querer ser perdoada. Basta que a gente escolha perdoar pra não dar a ela o poder de nos afetar tanto. Essa é a verdade que eu mais repito a mim mesma pra ver se enfim introjeto sua mensagem e consigo ativá-la na minha vida.

> Mãe e pai sempre querem o nosso bem.

Será? Mães competem com filhas o tempo todo (ou vai dizer que você não passa por isso ou ao menos conhece quem passa?), pais narcisistas estão muitas vezes mais ocupados com o próprio umbigo. Tem sempre o irmão problema que é poupado de tudo, perdoado de tudo e beneficiado por tudo. Já você… Só te cabe repetir o mantra "mãe e pai sempre querem o nosso bem". Às vezes é fé, às vezes é só autoengano.

> As coisas todas acontecem por um motivo.

Ok, mas então custa elas virem com uma legenda, uma tag que explique por que diabos elas estão acontecendo e que benefícios trarão a longo prazo na nossa vida? Só pra acalmar nosso coração...

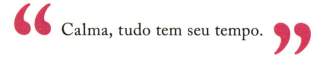# Calma, tudo tem seu tempo.

Complicado, porque a gente não sabe que tempo é esse, e a gente tem a ilusão de que controla o tempo, a gente até acelera os áudios hoje em dia, consome entretenimento *on demand*, quer *delivery* em no máximo 24 horas. Como a gente consegue se contentar com a incerteza do tempo de cada coisa?

# Se dar bem com a família de sangue é lucro.

Tá aí uma verdade que a gente não questiona. Família de sangue a gente não escolhe — ou pelo menos não neste plano. Precisamos aceitar e respeitar. Amar incondicionalmente são outros quinhentos. (Ou tema pra outra pensata.)

Não tô amarga, *haters*, tô realista!

MAIS UMA DE *AMOR*

Entre as muitas definições de amor que eu já ouvi, esta, que me foi dita em uma sessão de terapia, vai entrar pro top 10: amar é trazer o outro para a realidade sem tirar sua potência. Amar é trazer o outro para a realidade sem tirar sua potência.

Não, não é uma definição exatamente poética, mas é uma definição que me tocou muito porque foi dita num contexto de relação entre pais e filhos. A discussão era: quanto amor é amor demais, que sufoca e anula? Quanta proteção é proteção demais, que enfraquece e incapacita? Quando o remédio vira veneno? Quando o excesso provoca falta?

É um dilema complexo, esse. Estamos falando de seres que amamos para além de nós mesmos. Em última instância, eu não quero me tornar minha melhor versão, eu quero que meu filho se torne a minha melhor versão. Os perigos começam aí. Porque, apesar de eles serem uma parte física da gente, eles não são a gente. Às vezes, podemos passar anos querendo poupar um filho de uma dor que nem é dele, é nossa. Ou querendo fazê-los abraçar uma ambição que não é deles, é nossa. Ou ainda, ao contrário, deixando-os alimentar uma fantasia, uma megalomania ou só uma loucura mesmo, que, sabemos, têm pouca chance de vingar. Mamãe, eu vou ser o melhor aluno, eu vou ganhar o campeonato, eu vou trazer a medalha, eu vou ser jogador profissional.

Amar é trazer o outro para a realidade sem tirar sua potência. É dar um choque de realidade, com afeto. Apontar possibilidades, mostrar a efemeridade de todas as coisas, desconstruir o conceito de escolha certa e escolha errada. Há apenas escolhas, que são pessoais, mas sempre com o amparo de quem amamos, seja qual for o desfecho. Porque, na real, pra quem ama, o percurso importa mais que a linha de chegada. Sempre.

Isso pra que o outro crie casca suficiente pra não se vitimizar diante do que a vida não dá pra ele. Porque a verdade é que a vida nos diz muitos nãos. É criar um filho pra vida real, e não pra uma utopia amada, uma idealização da vida real.

A IMPERFECCIONISTA

Já deu! Cansou! Tô exausta! Não aguento mais buscar a melhor versão de mim mesma. Podemos ficar com meu pacote básico? E quem quiser a versão premium que espere pelo lançamento do ano que vem! Não quero ninguém me indicando *best-seller* de autoajuda, *coach* de vida, curso on-line milagroso. Nem me venham com dicas tipo "insira a meditação em sua rotina em três passos" ou "coma saudável sem sofrimento a-go-ra!". Se eu seguir apta a dar os cerca de dez passos que separam minha cama do banheiro todas as manhãs, na maioria das vezes, me darei por satisfeita.

Desde quando a necessidade de aperfeiçoamento constante em todas as áreas da vida virou lei? Até mesmo naquelas áreas que a gente nem imaginava que precisava aperfeiçoar? Desde a Revolução Industrial, século 19, dirão alguns, quando a produção em série passou a nos exigir altíssima performance — e criação de demandas de toda ordem que justificassem o aumento da oferta. Outros culparão os anos 80, com seus yuppies, capitalismo selvagem e *self-made men and women*. E todos provavelmente mencionarão o século 21 e as redes sociais, essas multiplicadoras de perfeição, positividade tóxica e pílulas perversas de autoajuda que vendem que "você pode tudo, basta querer".

Não, você não pode tudo. Ninguém pode. E, no fundo, ninguém quer. Como seria viver num mundo em que se pode tudo? Que tédio! E é justamente em resposta a esse esgotamento generalizado de fórmulas fáceis que surgem os movimentos comportamentais mais interessantes da atualidade. Lendo um estudo do birô de tendências WGSN, me deparo com um termo que me deixou obcecada: aceitação pessoal radical.

A aceitação pessoal radical é uma resposta à busca incessante por aperfeiçoamento e tem a ver com uma libertadora autoaceitação emocional, um desejo de deixar fluir sentimentos e emoções mais autênticos. Não é uma manifestação de pessimismo, e sim uma maneira assertiva de escolher as batalhas pelas quais vale lutar. Ou focar energia naquilo que realmente precisa ser melhorado — ênfase no "realmente". Focar um pouco de energia em muitas coisas desfoca, estressa e, em última instância, frustra. Foquemos, então, muita energia na "batalha do momento", aquela que vai fazer toda diferença. Lembrando que energia é recurso finito e devemos usá-la com inteligência.

Vivemos um eterno paradoxo entre buscar se aperfeiçoar e buscar se aceitar, desde sempre. Porém, com a explosão do "buscar se aperfeiçoar" surgiu a consequente onda do "buscar se aceitar". Tão *bold* quanto. Ainda bem!

Atingir os níveis de exigência vigentes alardeados sobretudo no Instagram é quase impossível. A obrigatoriedade de estarmos sempre bem — e mostrar isso com fotos vitalizáveis — provoca um nó no cérebro e na alma. Como se, para nos mantermos positivos, fosse necessário rejeitar qualquer emoção negativa. "Enxuga essas lágrimas, menina!", "Não abaixa a cabeça, princesa, senão a coroa cai!" e frases afins precedem hashtags-gratidão, instituindo que só quem é forte, destemido, perfeito e foda 100% do tempo é digno do seu *follow*.

É aí que o nó no cérebro e na alma aperta. Porque nós até podemos admirar pessoas de sucesso, mas preferimos nos conectar às pessoas que são ligeiramente fodidas como nós. Que têm inseguranças, falhas, imperfeições. Vejo cada vez mais pessoas festejando o fracasso — ou, no mínimo, entendendo-o como um passaporte para a felicidade real e para a saúde emocional.

Recentemente, a incensada The School of Life ofereceu em Londres um curso chamado "How to Fail" (Como falhar). Fracasso e imperfeccionismo, quem diria, entraram na pauta do dia.

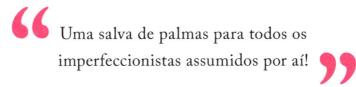

> Uma salva de palmas para todos os imperfeccionistas assumidos por aí!

CELEBRE O *AMOR* REAL

Sempre me perguntam qual o segredo de um casamento longo. Eu e Afonso estamos juntos há 25 anos. Como a gente sabe que ama alguém por tanto tempo? Que ama de verdade, e não por hábito, por medo de ficar só e já não se reconhecer sem o outro?

Amar é gerúndio. É construção eterna, nunca o jogo tá ganho. De repente, acontece algo, a gente perde um pedaço do amor, a parte faltante se regenera, se reconstitui, o afeto se renova de outra maneira. Nos altos e baixos inevitáveis individuais de nós dois, a gente luta pelo reencaixe. E são muitos reencaixes ao longo de uma vida juntos. O amor não é sempre o mesmo porque nós não somos sempre os mesmos e amamos diferente em cada fase da vida. Também expressamos amor de maneira única, pessoal e intransferível:

tem gente que ama cuidando,

tem gente que ama protegendo,

tem gente que ama provendo,

tem gente que ama e verbaliza,

tem gente que ama e silencia.

É uma arte detectar essas sutilezas com sabedoria e não esperar do outro um espelho. Acho que é o maior erro. Esperar que o outro espelhe nosso jeito de amar e não ver a beleza do jeito do outro de amar.

Eu, Mônica, preciso que a solidez do meu parceiro organize a minha natureza transitória, efêmera e inquieta. Esse é o meu desejo. Qual é o seu? Descubra e banque teu desejo. Por que eu digo banque teu desejo? Porque não adianta eu querer que esse homem vire meu grande parceiro de aventuras e decisões intempestivas e espelhe meu jeito intenso de ser. No fundo, pra eu me sentir amada de verdade, eu preciso que ele seja o meu porto seguro. Aquilo que é estável e forte e perene. Por mais que minha fantasia me traia de vez em quando. Às vezes, questiono o amor. Já questionei algumas vezes e sei que ele também, mas, cada vez que eu penso na possibilidade de perder minha base de concreto da vida, eu desmorono.

Acho que uma relação é uma história de muitas pessoas, não apenas de duas. Somos múltiplos. E o mais lindo é que nós nos cocriamos numa relação. Você se permite ser transformado. Você estimula, o outro responde, no que você responde à resposta do outro. Como diz a psicoterapeuta belga Esther Perel, todo relacionamento é um número 8. Eu sei que eu intensifico e elevo o Afonso. Ele sabe que me intensifica e me eleva.

No mês de junho, em que a gente comemora o Dia dos Namorados, eu quero celebrar o meu amor. O amor que eu questiono, do qual eu já duvidei, mas que, paradoxalmente, saí de cada questionamento mais forte.

Então, quando me perguntam qual o segredo de um casamento longo, eu digo: celebre o gerúndio que é o amor. Aceite e acolha as fases, entenda que todos nós amamos diferente e ame "apesar de". Tem muito "apesar de" em todas as relações.

> " Se, apesar dos apesares, você sentir que vale mais a pena seguir junto do que separado… O amor venceu! "

MANUAL ANTICAFONA — PARTE 5

Última parte do nosso imperdível manual.

- Não escreverás "quem vê close não vê corre" na legenda de uma foto sua num jatinho particular de interior *vanilla*.
- Não usarás uma foto do seu *derrière* ou close íntimo que dá pra ver até o capozinho como imagem pra uma legenda profunda sobre superação ou a magia da maternidade. Postarás o que quiseres sobre seu corpo, porém observarás uma mínima adequação entre imagem e texto.
- Não mandarás um "pode falar?" no WhatsApp da pessoa, assim, sem nenhum complemento. Em vez disso, explicarás o motivo de quereres falar para que a pessoa possa então decidir se pode ou não falar.
- Não colocarás extensão de cílios vassourinha *style*. Apenas não.

- Não dirás "air fry", preferindo, em vez disso, usar o termo "air fryer", que no caso é o correto.
- Não te referirás ao cônjuge como esposo ou esposa. Meu esposo... Argh! Acho o puro suco de cafonice. Falei, tô leve.
- Entenderás, de uma vez por todas, que "design" é uma coisa e "designer" é outra. Esse carro tem um designer supermoderno. Não! O design do carro é que é moderno.
- Não usarás a dor da sua irmã que é uma figura pública para lavar roupa suja nos *stories* do Instagram e, assim, ganhar seguidores e minutos de fama. Parece que virou moda fazer justiça expondo a ferida alheia. Seria menos cafona, mas acima de tudo mais digno, resolver certos assuntos na esfera privada. Nem tudo é — ou deveria ser — espetacularizado. Só acho!

E, claro, as clássicas do manual anticafona, que seguem necessárias ainda nesta quinta edição:

- Não decorarás a área externa de sua casa com uma estátua de pantera-negra bebendo água da piscina.
- Não usarás luz fria, branca, tipo consultório odontológico, na sua casa. A não ser que você seja mesmo dentista. E more no trabalho.
- Evitarás o quanto puderes foto com biquinho de beijo a não ser que sejas a Alessandra Ambrósio, que faz isso com máxima graciosidade. É irritante e já deu.

Sem mais, obrigada! Volte sempre!

VOCÊ É PORTÃO DE *FERRO* OU É *CRISTAL*?

Você escolheu ser portão de ferro ou cristal na cristaleira? Se você, como eu, escolheu ser portão de ferro, vamos dar as mãos, meu amigo, minha amiga, e fazer aqui um desabafo coletivo. Reflitamos sobre os ônus e bônus de escolher ser portão de ferro. Ou de sê-lo sem escolher.

O portão de ferro é duro, resistente e fica lá fora. Ele toma frio, chuva, e segue ali, aparentemente estável, porque, afinal, ele é de ferro. As pessoas o sacodem, batem nele, ele leva porrada sem dó. E isso dói, mas quase ninguém percebe porque... ele é de ferro.

Já o cristal é frágil e vulnerável. Tanto que ele tem que ficar guardadinho lá na cristaleira, protegido, amparado, acolhido. Qualquer toque mal calculado pode trincá-lo. E ninguém quer trincar o cristal por motivos de... vai ser difícil ele colar de volta. Então, somos extracuidadosos na hora de lidar com o cristal.

Eu penso que essa escolha acontece cedo nas nossas vidas. É uma construção da infância. Em quase toda dinâmica familiar, podem reparar, tem o filho "problema". Por "n" motivos — insegurança, vulnerabilidade, supersensibilidade, alguma dificuldade —, esse filho vai ser o *protégé* da mamãe. Não o mais amado (ou talvez sim), mas o mais cuidado. O que terá mais privilégios. O que será mais poupado e receberá mais atenção. Aquele cujos deslizes serão perdoados e toda nanoconquista será celebrada como um ouro de Olimpíadas. Pode ser que ele sofra mais ao deixar a bolha quentinha de casa e sair pro mundo, mas ele sabe o que é ser amado pelo que ele é.

É tão confortante você ser amado apenas por existir. Pelo menos eu imagino que deve ser... Eu, como uma boa portão de ferro que sou, fico achando que ser amada depende da minha performance. Meio que aprendi que eu sou apreciada quando sou bem-sucedida, quando sou forte como o portão de ferro, que não se abala por quase nada. E isso me fez crítica (autocrítica nível desumano) e um tanto dura. Obviamente tem muitos cristais internos aqui, mas eu tenho pânico de mostrar... E se descobrirem que tenho esse monte de defeito? E se me amarem menos por isso? Por incrível que pareça (porque faço muitos vídeos sobre vulnerabilidade), temo muito a minha fragilidade. Quando eu fico frágil, isso transborda como braveza. Porque não me permito a *leveza* do cristal.

O lugar que eu escolhi pra ser amada é o lugar da perfeição. É onde eu acho que eu mereço o amor da pessoa. E isso é tão impossível que chega a ser risível, tolo. Coloquei a régua tão alta pra mim que é capaz de, quando chegar lá, eu morrer com o tombo. Sem ter vivido a beleza de ser cristal. Antes disso, a beleza de me mostrar cristal.

Se você é portão de ferro como eu, vamos juntos tentar ao menos deixar ele aberto pra vida entrar?

SER *NECESSÁRIA* OU SER *QUERIDA*?

Você já reparou que algumas dinâmicas familiares se repetem mesmo em famílias muito diferentes? Em muitas famílias, pra receber amor e atenção e até ajuda financeira (por que não?), tem que ser fodido. E quem não se coloca nesse lugar de vítima (ou porque não é, ou porque não se considera, ou porque não sabe ser vulnerável, isso não importa aqui) não recebe quase nada?

Alguma coisa nessa dinâmica normaliza que necessidade é igual a amor. Eu te cuido e te amo e me doo à medida que você precisa. E aí se estabelece um jogo no qual quem faz muito também não descansa, porque... e se não fizer mais? E o medo de não ser amado pelo que é, e sim pelo que faz? É bem tóxico o negócio.

Mas, pra essas famílias que alimentam essa prática, eu deixo as perguntas:

E quem não precisa, mas quer?

E quem não precisa, mas merece?

E quem não precisa, mas também, no fundo, precisa?

Eu não te chamo porque preciso, mas posso te chamar se eu quiser?

> Você aguenta ser amado pelo que é, e não pelo que faz?

MINHA MADRINHA

Tinha criança que amava a Xuxa. Outras, a Mara Maravilha. Peguei a fase de vários grupos infantis (Trem da Alegria, Balão Mágico…), das gatinhas da Capricho (Ana Paula Arósio, Luciana Vendramini…), o início da era das *supermodels*, tinha *crush* na Juma Marruá (novela que teve remake da Globo em 2022). Mas, pra mim, musa mesmo era minha madrinha. Ainda que, como boa criança dos anos 80, não tenha passado imune a nenhuma das febres acima, sempre fui mais afeita a heroínas da vida real. A prô Vânia da 3ª série, minha avó Nice, minha irmã, minha prima Cíntia e… minha madrinha Sílvia.

> Penso eu que, às vezes, nossos pais deixam pontos vagos na nossa criação pra que outras pessoas os ocupem.

Não acho que seja consciente nem intencional. Talvez seja alguma daquelas manobras sábias da natureza pra que a gente cresça mais saudável, mais múltiplo. Alivia pra eles (que dividem, aqui e ali, a responsabilidade que é moldar um ser humano) e soma pra gente (a diversidade de espelhos faz refletir uma imagem mais complexamente bela, não?). Tia Sílvia — ou Cuca, como a chamamos na família — ocupou alguns pontos bem importantes. E ocupou bem ocupado.

Como eu quero que você goste dela quase tanto quanto eu, vou contar mais! Cuca, irmã mais nova da minha mãe, é, entre os íntimos, conhecida como "professora de Deus" (Tirem suas conclusões. Ah! Adianto que ela é sagitariana!). A alcunha mulherão da porra também lhe cabe. Inteligente e CDF, formou-se engenheira, mas não chegou a atuar na área. Ela se casou cedo e foi mãe cedo dos meus primos-irmãos que amo bem mais como irmãos do que como primos: Tiago e Mayra. Enquanto outras crianças brincavam de boneca, eu brincava de... Tiago e Mayra! Foram meus "filhos", meus "alunos", meu "corpo de baile" nos espetáculos familiares de Natal, meus "funcionários" na barraquinha de limonada na rua da vovó. Até hoje, são alguns de meus melhores amigos. E são, sobretudo, filhos da tia Cuca! Isso diz muito sobre eles.

Passei uma parte importante da minha infância convivendo intensamente com ela. Quando ninguém mais conseguia me acalmar nas tarefas de matemática (sim, sempre fui de humanas e nunca me conformei com minha falta de talento com os números), a supertia Cuca entrava em cena. E me explicava os problemas, fazia tudo parecer tão fácil. Me levava pra viajar — conheci muitos lugares com ela —, foi uma segunda mãe maravilhosa naqueles pontos vagos. E entre a Disney, o haras em Sorocaba, Poços de Caldas e outros destinos, lá ia eu, intrusa na família dela, ela ocupando meus pontos vagos, eu ocupando os dela.

Nessa época, tia Cuca tinha um jeito de se vestir que eu amava. Bem yuppie. Eram os anos 80, afinal. Alfaiataria, ombreiras *power*, muito terno com camiseta, tiara emoldurando os cabelos lisos e finos como os meus. E tinha o Obsession. Ah, o Obsession... Perfume com cheiro de força, de nobreza, de uma feminilidade com *punch*, de uma independência bem cara às mulheres da década. A cara da tia Cuca! Se eu fechar os olhos, vejo a cena dela se arrumando no banheiro, borrifando o Obsession antes de sair.

Pois tia Cuca se casou com um cara especial como ela, o tio Beto — que, infelizmente, a vida levou cedo, aos 37 anos, num acidente aéreo. E a tia Cuca de repente teve que virar tia-Cuca-e-tio-Beto pras crianças (então pequenas) e pro mundo. Se viu às voltas com um negócio predominantemente masculino e tradicionalmente machista, que ela teve que assumir. Minha musa professora de Deus foi lá ensinar os fazendeiros do interior de São Paulo, Mato Grosso e Paraguai como é que se faz. Nunca tinha trabalhado. Deu um banho. Desatolou caminhonete em estrada sem asfalto durante tempestade, matou cobra e mostrou o pau, negociou com homens que desdenharam dela, multiplicou os negócios, criou dois filhos incríveis. Tudo isso acumulado com a função de minha musa. Hoje, é a melhor avó que você pode imaginar pras três netas. E uma mãe postiça pra mim.

Ela não usa mais Obsession, mas deixa um rastro de força, feminilidade com *punch* e independência por onde passa. Tia Cuca me ensinou bem mais do que matemática: me ensinou a ser doce, mas com pegada. E talvez, apenas talvez, a me achar um pouco professora de Deus. Como assim eu nunca tinha escrito sobre a minha madrinha?

FADIGA DA *DISPONIBILIDADE*

Confesse: quais destas situações estapafúrdias você já viveu?

- Parar o carro na rua ou no acostamento pra responder a mensagens de WhatsApp porque as notificações estavam dando agonia?
- Se preocupar seriamente com alguém porque a pessoa está off-line há, sei lá, duas horas?
- Ficar muito ofendida e com a autoestima abalada se não respondem a sua mensagem?
- Desejar coisas muito ruins (impublicáveis) a quem desativa os dois risquinhos azuis de mensagem lida do WhatsApp?
- Xingar Mark Zuckerberg mentalmente porque... o app só permite três mensagens fixadas? Que indecente, aumenta isso aí!
- Sentir taquicardia e suar frio ao ouvir o pipocar incessante de mensagens — mesmo que seja só sua tia mandando figurinhas de bom dia no grupo da família.

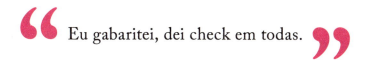

"Eu gabaritei, dei check em todas."

Impressionante como estamos, todos nós, sempre alertas pra responder a toda e qualquer demanda a qualquer momento. E mais que isso: impressionante como essa disponibilidade plena faz com que nós tornemos urgentes demandas que nem sequer são urgentes. Parece que a gente só se permite relaxar quando zera as demandas… mas, adivinhem?, a gente nunca zera as demandas.

No fim das contas, são tantas interrupções que a gente pensa: meu Deus, o que eu fiz além de estar disponível o dia todo? Fui produtiva ou só ocupada? Parece que a gente correu uma maratona sem sair do lugar. Essa exaustão profunda e generalizada que tá todo mundo sentindo é péssima em muitos níveis: no físico porque libera cortisol, hormônio do estresse, que basicamente faz nossos pensamentos ficarem mais lentos e, pior, nossas respostas mais emocionais (alô, *burnout*!). No nível psicológico, a necessidade de estar disponível e responder imediatamente esconde medos primitivos, como o pavor da rejeição. E se eu não responder agora? Vou ser esquecida ou preterida por alguém que foi mais ágil que eu? E se eu perder meu espaço pra quem é mais disponível do que eu? Essa angústia é aterrorizante.

É fato que a velocidade do mundo digital reprogramou nossa percepção de tempo e a noção de urgência. Num mundo analógico, esperas pareciam mais aceitáveis porque os processos eram lentos. Era todo um sistema de mundo programado para esperar. A gente respeitava o tempo das coisas porque não tinha poder sobre ele. Tempos atrás (e nem são tempos tão distantes assim), pra uma mensagem chegar de A a B, a comunicação era feita por telefone — e só acontecia quando tínhamos a sorte de encontrar a pessoa em casa. Antes, telegrama e cartas — ou seja, o tempo dos correios.

> Hoje, a tecnologia nos faz ter a sensação de que não é mais sobre o tempo das coisas, mas, sim, sobre o nosso poder de acelerar o tempo das coisas.

Quanto mais conseguirmos dar conta, e em menos tempo, mais seremos bem-sucedidos. É uma pseudoeficiência que tem um custo absurdo pra nossa saúde mental, porque estamos cada vez mais ansiosos, irritados e esgotados.

Soluções? Não tenho receita infalível, sinto desapontá-lo. Mas tem um caminho que eu acredito que é onde começa a mudança. E é da gente. Pode ser um pouco frustrante, porque eu sinto que às vezes é mais confortável ficar culpando o mundo, a tecnologia, o sistema… É claro que não dá pra se isolar, mas, assim, numa boa?, ninguém baixa uma lei proibindo, sob pena de prisão, a fadiga da disponibilidade. Se a gente não assumir nossa responsabilidade nisso que nos incomoda tanto, eu não vejo muita saída. Passa por deixar claro nossos limites, pessoal e profissionalmente; estabelecer o que é de fato urgente e o que não carece de resposta imediata; e separar alguns momentos do dia pra checar mensagens. Desativar notificações e silenciar grupos também ajuda.

É urgente — urgente mesmo, de verdade — que a gente comece mudando o hábito de estar plenamente disponível o tempo todo. Quase tudo pode esperar. Esse é um mantra que tenho repetido pra mim. Sempre que bate aquela coceirinha pra dar *refresh* no e-mail e conferir o WhatsApp, eu repito o mantra, respiro e (tento) não pirar.

EXCESSO DE INTIMIDADE

Atenção: esta não é uma coluna sobre coisas nojentas e escatológicas! Pode ler tranquilamente antes do almoço de domingo. É uma coluna sobre intimidade. Excesso dela. Portanto, sim... os dois universos se interseccionam. Vá lá, até podem se confundir. Mas não se encerram um no outro, oh, não. Há muito mais poesia na intimidade do que sonha a vã filosofia desta nossa mente suja.

A coisa começa devagarzinho, assim como quem não quer nada. É um fofo "você pode não entrar no banheiro agora porque acabei de usar?", um conjunto desconjuntado de lingerie, uma calcinha sorrateira pendurada no registro do boxe, uma depilação ligeiramente vencida que você não ousaria deixar passar lá no início. Logo, o lance evolui pra um cravinho espremido, um pelo na verruga arrancado na pinça, um "olha pra lá que eu vou fazer xixi".

E aí, senhoras e senhores, chegamos ao patamar em que me encontro hoje, com mais de duas décadas de convivência intensa com o senhor meu esposo. Aqui, o céu é o limite, e o nível de intimidade destruidora de fantasias românticas/

detonadora dos desconhecidos que perfuma a relação varia de casal pra casal. O que difere meu casamento do seu pode ser um número 2 de porta aberta ou um campeonato de pum debaixo do edredom. Ou, quem sabe, a intimidade das intimidades: a psíquica, que lê mentes e adianta palavras ainda não ditas.

Acabamos de voltar, meu marido e eu, de uma viagem de dez dias ao Egito — que destino, uau! E todo mundo sabe que viagens de casal são uma caixa de Pandora do excesso de intimidade. Uma semana grudado equivale a um ano de vida normal. Porque, na vida cotidiana, mesmo em tempos de pandemia, acabamos nos safando da FEI (fadiga por excesso de intimidade) por mantermos horários e atividades diferentes.

> Sábia Nossa Senhora da Rotina Individual Preservada.

Agora, 24 horas com o que há de mais irritante e comezinho em nossa personalidade é coisa que só vem à tona nas viagens. Alerta de início da parte escatológica no parágrafo a seguir.

Me apego ao tema por motivos autobiográficos: meus humores em viagem costumam ser bastante afetados pela atividade (ou ausência de) intestinal, como os dos antigos egípcios eram afetados pelas secas e cheias do rio Nilo. E discuto isso em detalhes com meu marido. Será que é por isso que dizem que intimidade é uma merda?

Depois do café da manhã, tenho que ter meu momentinho. Então, na hora de planejar o despertador da manhã seguinte, há que se computar essa meia horinha sagrada. Que na maioria das vezes dá em nada, o que me consagra como a enfezada da viagem — título que ostento até descer um Almeida Prado 46 com vinho branco egípcio (são ótimos, por sinal). Almeidinha (mais para Almeidão, se é que me entendem), por sua vez, faz efeito em pleno Vale dos Reis. A múmia de Tutancâmon que me aguarde. Mais uns minutos pra quem está ali faz 3 mil anos não há de ser nada. E os sinos mágicos da intimidade soam quando um marido genuinamente preocupado questiona, no meu retorno do banheiro, pelos meus cálculos cerca de um quilo mais magra: "E aí? Saiu tudo?". Fim da parte escatológica.

Seria nojento se não fosse fofo. Isso vindo do mesmo ser humaninho que, dois dias mais tarde, fez cercadinho com a jaqueta para que eu colocasse para fora, na beira da estrada, um *alien* que não tinha me caído bem. Fala sério: como eu posso me irritar com a acústica da sua boca ao mastigar pistaches (o som é estéreo, impressionante), com a mania de dizer "tanto faz, escolhe você", com a cutucada semiviolenta que me dá quando ronco à noite, acompanhada de uma bufada-saco--cheio, com a recusa patológica em dar qualquer tipo de gorjeta? Como, me digam?

Intimidade é previsibilidade e muitas vezes irritação e frustração. Mas também é previsibilidade e muitas vezes conforto e acolhimento. É quando dois entram num único ritmo, como numa coreografia que envolve corpo, mente e alma. É coisa que relativiza o nojo, que desarma a gente. Tem saliva, tem sexo, tem restos, tem fluidos corporais diversos, tem amor, tem tédio, tem vontade de viver tudo de novo. E que venha nosso próximo destino. Que eu escolho, claro, afinal, pro meu marido tanto faz.

O QUE VOCÊ NÃO É

O tema é: você não é os seus pensamentos. O que você pensa sobre você não define você, não resume você e, sobretudo, não é você.

> **O nosso ser é muito maior e mais complexo do que os nossos pensamentos derrotistas e negativos sobre nós mesmos.**

Porque a gente é *expert* em cultivar merdas mentais que poluem todo o nosso universo psíquico e infectam nossa autoestima. E nossos pensamentos ficam assim, com uma névoa fedida que nos impede de ver quem realmente somos. E o que realmente somos não são esses pensamentos irracionais e irrealistas de nós mesmos que a gente cultiva.

Então, se você não vive em estado constante de egotrip, já se pegou pensando: eu sou um *loser*, um fracassado, eu não dei certo, eu não cheguei aonde imaginei, eu não conquistei isso e aquilo, eu sou uma farsa e tal.

Mas a grande e inexorável verdade é que os nossos pensamentos sobre nós mesmos tendem a ter uma natureza bem parcial e ilusória. Também bastante viciada e *pouco generosa*. E a gente se apoia neles com a fé cega de quem cresceu ouvindo "penso, logo existo". É uma frase que atesta que nós somos existentes por pensar. É a supervalorização do pensamento racional, o que muitas vezes pode ser um veneno pra nós.

Eu posso pensar que fracassei num projeto, mas eu não *sou* um fracasso. Eu posso estar com raiva de mim por não ter chegado aonde imaginava, mas eu não *sou* a raiva.

> Porque não somos apenas pensamentos, somos uma integralidade que inclui nossa mente, mas também nosso corpo, nossas emoções e o mundo ao nosso redor.

O filósofo Alan Watts disse que, quando gastamos tempo demais pensando, acabamos pensando apenas nos nossos próprios pensamentos e, assim, nos distanciamos do mundo e perdemos a perspectiva da realidade.

O que de concreto na sua história faz você pensar que é um fracassado? O peso que você está dando a determinado episódio se justifica? E as outras áreas da sua vida não contam na sua percepção de si? O problema é nosso vício em nos julgar de maneira tão implacável. Quando o assunto é a gente mesmo, nossa régua fica altíssima. Nosso chicote fica feroz. Somos nossos maiores carrascos.

E antes que você, guru das receitas fáceis e infalíveis da felicidade, diga que é só pensar positivo, poupe seu latim. Primeiro, porque estima-se que o cérebro humano produza de 12 mil a 50 mil pensamentos por dia e que cerca de 80% deles são negativos. Segundo, porque nossos esquemas mentais são profundos, rígidos e não se transformam espontaneamente só porque a gente acrescenta #Gratidão nas legendas dos nossos posts.

Minha terapeuta diz que, para reformular esses pensamentos, o primeiro passo é sair de cena e se perceber como um observador. Mantenha uma distância e observe seus pensamentos. Como eles te traem? Como te limitam? Eles fazem sentido? Decifre-os e formule um senso crítico anterior ao ato de pensar. Assim, quando o pensamento vier, ele virá já escaneado, mais limpo, realista e útil.

Outra maneira de combater nossas merdas mentais é mais clichê, mas superválida: alimentar nossa autoestima. Autoestima é um apreço real pela nossa própria pessoa. E com o apreço vem a condescendência, a paciência, o perdão. Sabe o mesmo amor generoso que sentimos por um filho? A ideia é sentirmos pela gente mesma. Amor incondicional, sabe? Quando a gente tá bem de autoestima, a gente fica mais livre, porque nós não damos ao outro o poder de decidir se nossa vida vale a pena. É um exercício difícil e diário. Mas a pessoa que a gente mais ama na vida merece, vai?

TEM QUE
DAR EXEMPLO?

A figura pública tem que dar exemplo. Complicada essa afirmação num mundo em que as redes sociais transformaram todo mundo em figura pública — e a gente gostou disso. Há que se usar as redes com responsabilidade, Mônica. Mas é claro que sim, qualquer pessoa sã concordaria. Mas defina responsabilidade. Defina exemplo. Eu já fui criticada por fazer vídeo bebendo vinho. Que exemplo para as crianças que te seguem! Oi? Meu conteúdo não é pra criança. Álcool é uma droga, embora lícita, e assim você estimula o consumo. Onde termina meu direito de apreciar vinho e postar isso na minha rotina e onde começa a minha obrigação de "dar bom exemplo" e me tornar uma sentinela da moral, bons costumes e boas práticas?

Aconteceu hoje com uma publi de clínica de emagrecimento. Publi sinalizada de um tratamento com acompanhamento médico que estou fazendo há duas semanas, cujos objetivos eu tracei porque vêm ao encontro do meu desejo de ter o meu corpo da maneira como eu gosto. No caso, parênteses, ganhei três quilos ano passado, são três quilos de gordura que eu gostaria de transformar em massa magra. Eu malho, muito, amo e não abro mão, sou mais indisciplinada com alimentação, confesso, e alguns poucos ajustes no cardápio já têm me aproximado do meu objetivo. Meus objetivos são meus, estão claramente sinalizados, ainda não posso enfaticamente afirmar o resultado do meu tratamento (tudo isso tá claro lá no texto, que reforça a importância do acompanhamento de médico responsável e enfatiza algo bem importante: nada acontece sem o nosso esforço). Não existe fórmula mágica em clínica nenhuma (se alguém te oferecer isso, fuja). Tanto pra emagrecer quanto pra ganhar massa magra é preciso fazer melhores escolhas à mesa (sim, pessoas que regulam meu vinho, significa beber menos vinho, claro) e malhar mais ou de maneira mais focada no objetivo específico que você deseja. Aliás, é assim na forma física e na vida. Sem esforço, a gente não sai do lugar. Vale pra projetos profissionais, pra estudo, pra energia que se coloca num relacionamento, pra criação de filhos… enfim… aqui, de novo. Onde termina meu direito individual de fazer escolhas pro meu corpo e minha saúde — vale pra clínica, pro vinho, pra cirurgia que em breve farei pra dar um *up* aqui nessa região?

> Onde termina esse direito e começa a obrigação de servir de arauta de princípios e valores que nem sempre são meus?

É uma reflexão importante que me faz lembrar de um artigo excelente do Fernando Schuler que li certa vez na revista *Veja*. Guardadas todas as devidas proporções, óbvio. Ele citava Flaubert e Baudelaire e suas respectivas obras *Madame Bovary* e *As flores do mal*, que sofreram censura em suas épocas por supostamente retratarem valores imorais. São obras-primas, ora bolas. E ele usou esses exemplos, passou pelo famoso urinol de Duchamp — o cara que levou um urinol pro museu em 1917 e decretou: "a arte é o que eu disser que ela é", para o choque dos artistas da época, que, claro, criticaram a banalização da arte, o deboche, o desrespeito ao sagrado do museu. Schuler fez esse *storytelling* genial pra criticar a censura do humor e, a bem dizer, de todas as coisas, visto que é fato que o *zeitgeist* se move no sentido da tutela, e não da liberdade.

Ok, isso é uma outra discussão, mas que cabe aqui nessa linha de raciocínio (ou será que viajei nos links?). Conclusão 1: o artista e a pessoa pública deveriam ser libertos dessa condição imposta por alguns de sentinelas morais. São seres humanos, antes de mais nada, com direitos e deveres semelhantes aos de todos. Como todos, devem exercer ambos — direitos e deveres — com responsabilidade, mas sem massacrar sua individualidade, seu discurso pessoal, sua maneira de se expressar. Conclusão 2: a internet deixa a falsa sensação de que tudo o que chega até nós foi feito pra nós. E isso gera no criador de conteúdo automaticamente uma responsabilidade de agradar. O seguidor chega a se enfurecer quando você não atende a uma expectativa dele, que ele criou baseada em, sei lá, mil questões dele.

Enfim, eu substituiria "a figura pública tem que dar exemplo" para "a figura pública tem que fazer, com responsabilidade e sabendo que há consequências, tudo o que ela quiser". Foi assim que Baudelaires, Flauberts e Duchamps fizeram história e mudaram a história. A gente pode não estar mudando os rumos culturais da humanidade, mas estamos aqui humildemente fazendo a nossa parte.

HAPPY HIGH STATUS

Já ouviu falar em *happy high status*? É uma expressão gringa interessantíssima. Ser *happy hight status* é basicamente ter autoconfiança sem arrogância e projetar uma energia *relax* e confortável mesmo na adversidade — talvez sobretudo nela. É o charme típico que exala de quem gosta de habitar a própria pele. Um conceito próximo ao carisma, que está tão em falta hoje em dia, em tempos de pessoas reativas com forte inclinação ao vitimismo e tendência a se inflamar por todas as coisas. Pessoas, como diz uma amiga, recheadas com creme de mimimi.

Antes, importante: o *happy high status* não tem nada a ver com *status*, poder, cargo, dinheiro, classe social. Ele independe dessas coisas todas. Poderia teorizar mais, mas vou contar uma anedota sobre George Clooney que corre em Hollywood. Diz-se que, certa vez, numa festa *black-tie*, uma personalidade bem conhecida, desejosa de um drinque, cutucou um garçom uniformizado e mandou: *"Could you please get me a drink?"* — você poderia, por favor, me trazer uma bebida?

A conversa em sua roda seguiu animada, até que o "garçom uniformizado" chegou com o tal drinque — e também um belo sorriso, uma sedutora cabeleira branca e aquele olhar 43 que só Jesus na causa. *Touché*: era George Clooney! Ele entregou a bebida à conhecida personalidade: *"Here it is, ma'am!"*, aqui está, madame.

Ora, ora, numa festa *black-tie*, até um ser humano pleno em sua sobriedade — apesar de que dizem que não era o caso ali — poderia confundir o smoking de um convidado com o uniforme de um garçom de festa chique. Mas é a reação de Clooney que importa aqui: o cara é tão pica das galáxias — e está plenamente confortável em sê-lo — que não se incomodou em ir buscar o drinque e entregá-lo sorrindo. Pediram um drinque? Ele foi lá e pegou. Em nenhum momento achou isso um insulto ao seu poder. Ou julgou quem pediu o drinque. Ou foi lá a contragosto e pegou o drinque. Ele não tolerou a situação, ele curtiu a situação.

Sei lá, fico pensando: Michelle e Barack Obama fariam isso. Fernanda Montenegro faria isso. Ivete Sangalo também. Gisele Bündchen, Ronaldo Fenômeno. Pessoas que conquistaram o direito quase de flutuar acima do bem e do mal. Aí você me fala: é fácil falar dessas figuras, seus legados lhes garantiram uma espécie de salvo-conduto social. São queridos, respeitados, admirados profissional e pessoalmente, têm uma posição privilegiada (devidamente conquistada). Concordo, é um bom ponto. Mas que tal a gente aprender com eles? *Happy high status* é sobre isso. Sobre decidir subir alguns degraus e ver o mundo de cima. Mas sem soberba. É se elevar pra olhar o outro com empatia e doçura, sem julgamentos ou pretensa superioridade. É, principalmente, sobre aceitar a humanidade em si e no outro. É sobre energia, confiança e entusiasmo. E isso, você há de convir, é coisa de alma, de princípios, de essência.

Resumindo, tem três talentos principais das pessoas *happy high status*: elas não levam nada pro pessoal, elas estão tão interessadas em você quanto nelas mesmas (estão todos no mesmo patamar, afinal), e têm um dom pra deixar todo mundo ao redor *relax* e confortável. Mais difícil de conquistar do que o *status* social, só que definitivo e constante. E infinito, ao menos enquanto dure.

NÃO ESPERE VER *VOCÊ* NO OUTRO

Não espere ver você no outro. Já pensou quanta dor de cabeça nos seria poupada se a gente vivesse essa frase na prática, e não apenas na teoria? (Texto da série "falando para me ouvir"…) Saímos por aí vestidos de espelho esperando sempre que o outro pense, responda e reaja como nós o faríamos.

> O choro é livre porque o desapontamento é certo.

"Nossa, mas eu jamais responderia dessa maneira, reagiria dessa forma!", dizemos sobre colegas de trabalho, amigos, namorado, marido… E a gente se magoa, se indigna, se decepciona, porque nossa dose estrutural de narcisismo entende que existem reações certas e melhores (as nossas) e erradas e piores (as dos outros). Fato é que o diferente nos desacomoda e desassossega, enquanto o igual é quentinho e confortável.

O outro respondendo do jeitinho que a gente é — não apenas do jeitinho que a gente quer, mas do jeitinho que a gente é — é entendido como validação e, em última instância, com o que todos nós buscamos: afeto.

É uma cilada, Bino! O que falamos e fazemos está em link direto com o que somos e pensamos. Eu sou, eu penso, eu falo e eu faço. E o que somos, meus caros, é resultado de um pacotão complexo de genética e ambiente. Que nem impressão digital, cada um tem a sua. Saber disso não me impede de, a cada aniversário, dia das mães e aniversário de casamento, esperar um marido verborrágico em suas declarações públicas de amor. É o que eu faria, ora. Detalhe: faz 25 anos que estou com esse homem.

Uma vez escutei algo de que nunca me esqueci da RH de uma empresa na qual trabalhei. Assumi um cargo de chefia relativamente cedo e ali começava meu drama, que hoje parece infantil, mas na época me afetou muito. Eu liderava um projeto pelo qual tinha muita paixão, até excessiva, comprometimento, entrega. E, quando eu não via essa mesma intensidade em membros da equipe, eu ficava pessoalmente magoada. Essa profissional me disse: "Mônica, imagina só uma equipe composta 100% de pessoas intensas, apaixonadas, emocionadas… seria insuportável e insustentável". Todo time, todo grupo, toda sociedade precisa ter calmos e energéticos, mais passivos e mais ativos, introvertidos e extrovertidos, uns mais criativos e outros executores natos, uns que falam tudo e outros que deixam o silêncio falar por eles. Essa diversidade, seja numa redação de revista, seja na vida e até numa relação a dois, não é apenas bem-vinda, ela é necessária pra coisa fluir.

Um mundo inteiro de Mônicas, Deus nos livre... Eu tenho me esforçado muito para interpretar os outros a partir de lentes menos ensimesmadas, menos viciadas em mim. Que esse mesmo Deus que nos livra de um mundo cheio de Mônicas nos ajude nessa árdua e necessária missão. Assim seja!

VOCÊ É UMA *BOA PESSOA?*

De vez em quando, me bate uma *bad* terrível sobre o quão boa pessoa eu sou. Como crescemos com essa fantasia de que somos pessoas do bem, queremos desesperadamente acreditar que somos pessoas do bem… Como não acreditar que somos pessoas do bem? Sou uma pessoa do bem, não sou? Mas encontramos muitos empecilhos pra manter essa autoimagem — se não formos Madre Teresa, claro. Feedbacks de pessoas que amamos, talvez de colegas de trabalho, amigos com os quais vacilamos pelas circunstâncias da vida, pais e mães que têm tanta intimidade conosco que não nos poupam das críticas mais doloridas (Eles podem… Podem?), filhos pré-adolescentes sem filtro que, sem piedade, colocam o dedo em nossas feridas mais profundas. Ah, sim, somos "desmascarados" sobretudo pelas pessoas mais íntimas, as que têm mais "armas" nas mangas para nos abater. Quanto mais intimidade, mais munição.

Diante dos argumentos constantes do meu marido, da minha mãe e das pessoas que me conhecem com mais profundidade, dos quais já escutei "mas faz terapia há tanto tempo, não conseguiu ainda resolver isso...", eu entro em parafuso. Porque eu tento trazer minhas sombras à luz. Eu tento conter minha intensidade. Eu tento preencher esse vazio interno — também conhecido como carência afetiva — da maneira mais saudável que consigo. E, acima de tudo, eu tento trazer pras relações o que eu acho que eu tenho de melhor: paixão, curiosidade, vibração, energia, animação, alegria, bom humor. Um combo intenso, na melhor das hipóteses. Excessivo, na pior.

Porque a intensidade me deixa sem limites, às vezes. Desorganizada, apressada, desequilibrada. E isso pode me levar a machucar quem eu amo. Esses são os lados B do meu lado A, as sombras da minha luz. Não são meras camadas de personalidade. São a essência. E eu fico aqui me perguntando: será possível fugir de quem a gente é? Abrir mão da essência em nome da conveniência? É uma decisão racional que se pode tomar ou é uma automutilação? Evoluir sempre, claro, mas qual é o ponto exato em que deixa de ser evolução e passa a ser autotraição? Será que estamos nos demonizando quando devíamos nos acolher? Será que eles estão nos demonizando quando deveriam nos acolher?

Há uma parte em nós que nunca se esvai. Nem com terapia, nem com maturidade, eu tô achando, do alto das minhas mais de quatro décadas de vida. Ônus e bônus de ser quem somos. E que nossos amores possam compreender isso em nós como nós — assim seja — compreendemos neles.

O QUE MAIS *IRRITA* NA VIDA A DOIS

Depois de tantas pensatas sobre as maravilhas da vida a dois, bem, nós todos sabemos que nem tudo são flores. Então, em nome da imparcialidade jornalística que ainda vive em mim (jornalista de formação), segue uma lista top 6 de coisas muito irritantes em relacionamentos longos.

- As mastigadas do cônjuge. Estudos mostram, e quem tem mais de uma década de relacionamento comprova, que o som da mastigação do outro é um dos sons mais irritantes do planeta. Evitem servir alimentos crocantes, especialmente na semana da TPM. Ou corram o risco de gastar o réu primário.
- Eles acham que podem criticar seus pais, mas... não podem! Só quem pode criticar seus pais é você! De modo veemente, com firmeza... eles devem concordar com o que você diz, mas jamais atirar essas questões na sua cara numa discussão. É a regra...

- Ligações no *timing* mais equivocado. Maridos, depois de um tempo, são como mães. Intuem o momento mais inadequado e... nos ligam. Reunião megaimportante? Avião decolando e a comissária de olho em você? Aula de ioga? Trim... Marido chamando.
- Eles sempre estão mais exaustos que a gente. Segundo uma régua muito pessoal e inquestionável... a deles próprios. Não, não, não adianta dizer que você isso, isso, isso e mais aquilo.
- Eles têm o que a ciência chama de surdez seletiva. Amor, vamos assistir a esta série? Tá todo mundo falando! Mas, amor, são nove da noite! Dá pra ver pelo menos um episódio... Amor? Amor? (e eles adormecem com o controle remoto na mão e a boca aberta roubando-lhes a dignidade).
- Eles sabem tudo sobre os seus podres e estão instrumentalizados pra te desmascarar. "Ah, mas não estava até ontem falando que fulana era falsa?" Isso foi ontem, gente, pessoas inteligentes mudam de ideia. Eu sou Ar com Ar, credo, seu Capricórnio previsível...

MANIFESTO SOBRE SER *MULHER*

Nós temos que ser sempre extraordinárias, mas, de alguma forma, estamos sempre fazendo alguma coisa errada. Expectativa alta, frustração idem. Quando somos incríveis, somos suficientemente boas. Quando somos suficientemente boas, não fazemos mais que a obrigação. Dizem que somos a luz da casa, que somos nós que ditamos a *vibe* da família e do lar doce lar, mas o quanto isso é uma bênção e o quanto é mais uma obrigação? Trabalhar fora, cuidar de tudo, ser a luz da casa…?

Você tem que ser magra, mas não muito magra, senão, te acusam de doente ou de fazer apologia à magreza. Ah, e você nunca pode dizer que quer ser magra. Seja, mas não admita.

Você precisa ter dinheiro, mas nunca pedir, pois isso te torna interesseira, nem pode precificar seu trabalho, pois te torna grosseira, direta demais, mercenária. Você tem que ser a chefe, liderar pessoas e extrair o melhor delas, absorver a pressão de cima, mas nunca repassar a pressão pra baixo.

Você tem que liderar e inspirar, mas nunca cobrar nem exigir. Provavelmente será acusada de ser uma chefe tóxica em algum momento, mas jamais poderá dizer que um funcionário é tóxico. Como se toxicidade dependesse só de hierarquia.

Você precisa ter uma carreira, pra ser interessante e admirável, e prezar sua independência financeira, mas tem que continuar a cuidar dos outros. Funcionamento da casa: cadê o repelente de insetos, amor, não comprou meu desodorante, e o azeite que eu amo, não tem mais pilha A2, a cachorra está com alergia, precisa pedir Neosaldina!

Você tem que planejar tudo, porque, se não planejar, ninguém vai fazer isso. Mas, se você planejar, será a centralizadora, que quer tudo do seu jeito, mimadinha *and* inflexível. Você precisa estar sempre nos trinques, porque mulher desleixada... aff... não dá! Enquanto isso, dá-lhe meias e cuecas do verão de 62, furadas e puídas. Ah, você não pode envelhecer. Mulher que envelhece está acabada. Homem? É vivido e interessante.

Não pode ser grossa. Mulher grossa é histérica, tá na TPM ou é mal comida. Não pode aparecer muito. Exibida, né? Não pode falhar, mas deve acolher as falhas de todo mundo. Isso tudo num período de 24 horas, que é o tempo do dia de todos nós... E, se você ticar nove de dez tópicos, a sensação é a de que esse único tópico não ticado... ah, isso quer dizer que você está fazendo tudo errado, e que tudo é sua culpa.

Ser mulher é basicamente se policiar, e se culpar, e se colocar padrões insustentavelmente altos para que as pessoas gostem de você e te aceitem na humanidade, para que te aceitem como você é. Seria até fácil, mas tem um obstáculo... você é mulher.

REJEITE CÓPIAS, VALORIZE O *ORIGINAL*

Não se compare. Tá todo mundo fingindo. Tá todo mundo recortando meticulosamente o que vai mostrar da vida nas redes, tá todo mundo exibindo uma nanofaceta da existência chamada "minha melhor versão", todo mundo usando filtros irreais, se alongando na edição, tirando foto no modo 0.5, pela distorção embelezadora que isso provoca, eliminando poros, rugas, imperfeições de fora e de dentro. Então... não se compare.

Todo mundo apontando dedos como se nunca errasse, resumindo questões doloridas dos outros com frases lacradoras que simplificam perigosamente feridas complexas de quem eles nem conhecem.

No dia dos pais, todo mundo tem o melhor pai do mundo. No dia das mães, dos namorados, mesma coisa. Tá rolando uma superlotação nesse primeiro lugar do pódio de melhor qualquer coisa. Na vida off-line, pessoas imperfeitas vivem relações imperfeitas em condições adversas. Um dia tá bom;

noutro, "o que eu tô fazendo nesta relação?", ou "será que tem coisa melhor pra mim por aí?". Portanto, não se compare, tá todo mundo equilibrando seus pratinhos. E tem muito pratinho se espatifando no chão da vida real e aparecendo colado com chiclete nas redes sociais. Não se compare.

Famílias sangram enquanto posts bombam. Amores incondicionais são questionados no privado, mas sempre exaltados em público. Bolas da vez surgem e desaparecem no tempo que se demora para ler este texto. E você que lute! Luz nas conquistas, sombra nos fracassos. Holofotes sobre o 1% da vida. E vamos ignorar os outros 99%, porque, né? Tem um modelo de sucesso a sustentar aqui!

Nada se compara porque tem uma coisa que todo mundo sabe, mas pouca gente fala: tá todo mundo fingindo. E nada se compara porque tem uma coisa que ninguém pode ser: você.

✗ Nota da autora: este texto foi inspirado em um *insight* do artista Mendo, compartilhado em sua antiga conta no Instagram.

Agradecimentos

Agradeço a meu marido, Afonso Nigro — minha rocha, a pessoa que sempre teve fé em mim quando nem eu mesma tinha. Não sei quem eu seria sem você; e digo isso com orgulho. Nos moldamos um ao outro de modo muito profundo depois de 25 anos juntos. Quem pode encher a boca para afirmar isso? Agradeço a parceria na vida mais significativa com a qual eu poderia sonhar.

Agradeço ao meu filho, Bernardo, meu único filho. Foco de todo o meu amor e de todos os meus traumas — as suas sessões de terapia serão por minha conta, certo? Vitalícias... Você tem meu melhor e meu pior. Mas você tem também a minha alma. E isso eu nunca darei a mais ninguém.

Gratidão aos meus pais. À minha mãe, Laís, professora de português, leitora voraz, grande incentivadora da minha paixão pela língua, pela leitura e por me superar. Ao meu pai, Ricardo, que me perguntava "Tirou 9? E por que não tirou 10?". Sem saber, ele me moldou para ser *antimédia*. Obrigada, meus pais! Talvez eu não os agradeça tanto quanto seria justo.

Agradeço a minha editora, Maíra Lot Vieira Micales, por *comprar* a ideia deste livro na mesma hora em que, "assim, como quem não quer nada, a sugeri". Contém ironia, porque eu obviamente queria tudo — e consegui, graças a ela! Não tenho palavras para agradecer a doçura e a generosidade em compartilhar os ensinamentos de toda uma vida voltada ao mundo dos livros.

Meu melhor amigo, Eron Araújo, que fez a ponte com a Maíra, muito obrigada! Há anos ele pontuava que precisávamos nos conectar, sentia que a coisa ali ia dar samba. E deu, graças a sua sensibilidade e sua inteligência emocional, que o levaram a enxergar o samba pronto onde havia apenas uma nota só!

Clayton Carneiro, Higor Blanco, Tony Muller, Oseane Dias, obrigada por me presentearem com a capa mais linda! Eu, que já aprovei tantas capas de revista, sofri para dar um "Ok!" na capa do meu próprio livro. Agradeço o talento e a paciência. Vocês são os melhores!

Agradeço a Ana Suy, Silvia Braz e José Victor Oliva, que gentilmente escreveram um pouco sobre mim para me apresentar aqui. Ulalá! Que honra! Sou leitora da Ana, admiradora da Silvia e tiete do Victor. Ter o orgulho de apresentar o meu livro com vocês escrevendo sobre mim me libera de três anos de terapia, um ano para cada análise, no mínimo. Meu ego pira! Brincadeiras à parte, agradeço mil vezes! Eu acho que nem mereço. Vocês me elevaram ao patamar de ser uma escritora digna de quem me lê!

Este livro foi impresso pelo Lar Anália Franco (Grafilar)
em fonte Adobe Caslon Pro sobre papel Avena LD 80 g/m²
para a Edipro no outono de 2024.